경북의 종가문화 10

모원당 회화나무,
구미 여헌 장현광 종가

경북의 종가문화 10

모원당 회화나무,
구미 여헌 장현광 종가

기획 | 경상북도 · 경북대학교 영남문화연구원
지은이 | 이종문
펴낸이 | 오정혜
펴낸곳 | 예문서원

편집 | 유미희
디자인 | 김세연
인쇄 및 제본 | 주) 상지사 P&B

초판 1쇄 | 2011년 12월 23일

주소 | 서울시 성북구 안암동 4가 41-10 건양빌딩 4층
출판등록 | 1993. 1. 7 제6-0130호
전화 | 925-5914 / 팩스 | 929-2285
홈페이지 | http://www.yemoon.com
이메일 | yemoonsw@empas.com

ISBN 978-89-7646-278-7 04980
ISBN 978-89-7646-268-8(전10권)

값 15,000원

경북의 종가문화 10

모원당 회화나무,
구미 여헌 장현광 종가

이종문 지음

예문서원

지은이의 말

아마도 중학교에 재학하던 시절, 나는 포은圃隱 정몽주鄭夢周 선생을 모신 영천 임고서원臨皐書院의 실로 장대한 은행나무 밑에서 여헌旅軒 장현광張顯光 선생을 처음으로 뵈었다. 바로 그 은행나무 밑에 세워져 있었던 이 서원의 안내판 속에 그분의 성함이 포함되어 있었던 것이다. 서원마을에서 자랐기 때문에 포은에 대해서는 귀가 따갑도록 들었지만, 죄송스럽게도 여헌에 대해서는 아는 바가 아무 것도 없었다. 한학을 하신 아버지로부터 여헌이 우리 고을 출신이 아니라 구미에서 태어나신 분이라는 설명을 듣게 되자, 그분에 대한 나의 관심도 다소 시들해지고 말았다. 그러니까 그 당시의 나는 아직도 향토애鄕土愛라는 좁은 울타리를 전혀 벗어나지 못하고 있었던 철부지 소년에 불과했던 것이다.

그러나 훗날 한문학을 공부하면서 영천지역의 문집들을 넘기다 보니, 여헌의 성함이 나오지 않는 책이 별로 없었다. 그 영향이 워낙 컸기 때문에 그렇겠지만, 영천지역의 문헌들 가운데는 여헌을 아예 영천의 인물로 소개해 놓은 것도 더러 있었다. 게다가 첩첩산중에 위치하고 있는 입암立巖이 오로지 그분으로 인하여 우리나라 정신사에서 아주 각별한 의미를 지닌 특별한 공간으로 승화되었음을 알게 되었을 때, 그분에 대한 나의 생각은 근본적으로 달라졌다.

그 후로부터 나는 줄곧 막연하게나마 여헌을 흠모해 왔지만, 불행하게도 전공 영역이 달랐으므로 그분에 대하여 본격적으로 공부할 수 있는 기회를 전혀 가지지 못했다. 그러므로 경북대학교 영남문화연구원에서 여헌종가에 대한 집필을 의뢰해 왔을 때, 정말 오랫동안 망설였다. 그럼에도 불구하고 결국 집필을 하기로 한 것은 수십 년 동안 막연하게나마 가슴에 품어 왔던 그분에 대한 어떤 책무감 때문이었다. 결과적으로 그 책무감에 상응하는 좋은 책을 쓰지 못하여 대단히 부끄럽지만, 그래도 이 책이 혹시 여헌종가의 과거와 현재는 물론이고 우리 시대의 종가문화를 이해하는 데 약간이라도 도움이 되었으면 참 좋겠다.

여러모로 부족한 책이지만, 그래도 이 책이 간행되는 과정에서 많은 분의 도움을 받았다. 무엇보다 먼저 집필 과정에서 갖가지 도움을 주신 여헌종가의 종손 및 종부님과 장인채, 장상진, 장동수, 장세완 님 등 문중의 여러 어르신께 심심한 감사의 말씀을 드린다. 아울러 각종 인터뷰 자료들과 사진 자료들을 다채롭게 제공해 주신 경북대학교 영남문화연구원, 소장하고 있는 사진들을 활용하도록 허락해 주신 한국학중앙연구원과 구미시청의 관계자 여러분께도 고마운 마음을 금할 수가 없다.

끝으로 첨언해 두고자 하는 것은 집필 과정에서 참고한 논저들의 목록을 부록에다 모두 제시하여 두기는 했지만, 해당 대목에서 꼼꼼하게 주석을 달지는 못했다는 점이다. 이 책이 전문적인 연구서가 아니라 그야말로 대중적인 서적이므로 독자들이 가벼운 마음으로 읽을 수 있도록 가급적 주석을 달지 말아 달라는 집필 방침이 있기도 했거니와, 책의 분량이 제한되어 있어서 자세한 주석을 다는 것이 사실상 대단히 어렵기도 했다. 모쪼록 너그러운 마음으로 이해해 주시기를 바랄 뿐이다.

2011년

봄날도 환한 봄날

이종문

차례

제1장 종가의 입지 조건과 형성 과정

1. 저 거대한 바위 얼굴 금오산!

2010년 10월 14일!

그날 내가 여헌旅軒 장현광張顯光 선생의 제사에 참석하기 위하여 구미를 향해 달려가고 있을 때, 천근만근의 저녁노을이 울컥울컥 밀려오기 시작했다. 물론 처음에는 두둥실 떠 있는 뭉게구름 언저리에 계란 노른자가 묻어 있을 정도의 가벼운 노을에 불과했다. 그러나 차 한 잔 마실 시간이 지나자 저녁노을은 문득 떨어지기 직전의 능소화보다도 훨씬 더 환하게 피어올라 서천西天을 온통 사지르더니, 급기야 그 무슨 뜨거운 불꽃처럼 온 천지간을 활활 태웠다.

실로 보기 드물 정도로 찬란하고도 황홀하기 짝이 없는 저녁

서천을 온통 활활 사지르는 저녁노을을 배경으로 한 금오산의 거대한 바위 얼굴.
목과 턱, 입과 코, 눈과 눈썹 등 이목구비가 아주 선명하며, 여헌이 살았던 인동 쪽에서 바라볼 때 사람의 윤곽이 가장 확실하게 드러난다.(제공: 구미시청)

노을이었다. 그러므로 나는 잠시 차를 세우고 바짓가랑이에 척척 걸리는 엄청 무거운 저녁노을 속을 상념에 젖어서 낙동강 가를 배회하였다. 그러다가 문득 서쪽으로 고개를 돌렸을 때, 바야흐로 이제 막 숨이 넘어가는 금빛 태양과 장엄한 저녁노을을 배경으로 하여 돌올하게 우뚝 솟아 있는 금오산의 스카이라인이 한눈에 확 들어 왔다.

오오, 금오산金烏山! 도리사桃李寺를 지은 아도화상이 이 산을 온통 뒤덮은 저녁노을 속으로 세 발이 달린 금빛 까마귀가 날아가는 것을 보고, 태양의 정기를 받은 산이라고 하여 그렇게 이름 붙였다는 산. 이 산의 뒷자락 선봉사僊鳳寺에 있는 대각국사大覺國師 의천義天의 비문에 남숭산南崇山이라고 표기되어 있기도 한 금오산은 그 오지랖이 워낙 넓다 보니 바라보는 방향에 따라서 산의 모습이 죄다 다르다. 그에 따라서 다르게 붙여진 이름도 또한 한둘이 아님은 물론이다.

선산 쪽에서 바라보면 붓을 세워 둔 모습이라 하여 필봉筆鋒이라 부르고, 그 지역에서 수많은 문사가 태어난 이유를 바로 이 필봉에서 찾는다. 금릉 쪽에서 바라보면 부잣집 노적가리 같다고 하여 노적봉露積峰이라고 부르고, 개령 쪽에서 바라보면 도둑놈 같이 보인다고 하여 적봉賊峰이라 부른다. 성주 쪽에서 바라보면 음탕한 여인의 모습과 같다 하여 음봉淫峰이라고 부르고, 인동 쪽에서 바라보면 귀한 사람이 갓을 쓴 모습을 닮았다 하여 귀봉貴峰이라고 부르기도 한다. 해당 지역에서 큰 도적과 부자들, 기생들과 귀인들이 마구 쏟아져 나온 이유가 바로 그 지역에서 바라본 이 산의 모습에서 말미암은 것이라는, 믿을 수도 없고 믿지 않을 수도 없는 설명이 줄줄이 사탕으로 뒤따랐음은 말할 것도 없다.

그러나 내가 각각의 지역에서 직접 바라다본 바에 의하면 그야말로 모두 다 긴가민가하다. 그럴싸하다가도 다시 살펴보면 아무래도 견강부회라는 느낌을 지울 수가 없었던 것이다. 그러한 가운데서도 단 하나 확실한 것이 있다면 왜관에서 구미 쪽으로 올라가다가 바라본 금오산 전체의 스카이라인이 고개를 뒤로 젖히고 저 무한천공, 우주의 끝자락을 응시하고 있는 거인의 얼굴로 보인다는 점이다. 이와 같은 현상은 여헌이 태어나서 살았던 낙동강 건너편 인동 쪽에서 바라볼 때 가장 확실하게 드러난다. 목과 턱, 입술과 코, 눈과 눈썹, 거기다 시원한 이마까지 이목구비가 너무나도 확실하기 때문에 누가 보아도 이 점에 대해서는 동의하지 않을 수가 없을 정도다.

그러므로 나는 구미에 들를 때마다 단순히 큰바위얼굴 정도가 아니라 천길만길의 산 전체로 구성되어 있는 저 거대한 바위얼굴에서 오랫동안 눈을 떼지 못한다. 지금 그 거대한 바위 얼굴이 불타는 저녁노을을 배경으로 하여 저 무한벽공을 응시하고 있는 모습을, 노을이 황홀하게 깔린 낙동강에다 발을 담그고 내가 또 이렇게 오래도록 응시하고 있는 것이다.

세상 사람들이 말하는 것처럼 저 바위 얼굴이 구미가 낳은 상징적 인물인 박정희 대통령의 얼굴일까. 아니면 세상의 또 다른 사람들이 말하는 것처럼 누워서 하늘을 쳐다보고 있는 대자대비한 부처님의 모습일까. 누구나 마음대로 상상할 수 있는 자유가 있으므로 얼마든지 그렇게 상상할 수 있음은 물론이다. 그러나 나는 저 바위 얼굴이 특정 개인의 얼굴이 아니라 구미 사람들의 '큰바위얼굴', 구미 사람들이 언제나 닮기를 참으로 절실하게 희구하였던 이상적인 자아의 장대한 모습이라 말하고 싶다. 『택리지擇里志』의 저자 이중환李重煥이 "조선 인물의 절반이 영남에서 태어나고, 영남 인물의 절반이 선산(구미)에서 태어났다"고 말할 정도로 이 지역에서 우리나라 역사를 수놓았던 수많은 거인이 태어났던 것도, 바로 저 금오산 전체가 조성하는 거대한 바위 얼굴과 결코 무관하지 않다고 자꾸만 우겨 보고 싶은 것이다.

구미가 낳은 바로 그 거인들 가운데 한 분이 조선조 성리학사에 일대 장관壯觀을 연출하였던 여헌 장현광(1554~1637)이다. 그는 아마도 바로 발밑에서 장중하게 굽이쳐 흐르는 낙동강을 굽어보면서 '흘러가는 것은 다 이와 같구나' 하고 공자처럼 탄식을 하기도 하고, 낙동강이 만들어 낸 광활한 들판 끝에 우뚝하게 서 있는 저 금오산의 놀랍고도 기이한 바위 얼굴을 날이 저물도록 바라보기도 했을 터. 그리하여 마침내 호손의 소설 『큰바위얼굴』에서 큰 바위 얼굴을 끝없이 흠모하고 경배하던 소년이 자신도 모르는 사이에 큰 바위 얼굴을 닮아 갔듯이, 여헌도 또한 낙동강을 굽어보고 금오산을 우러러보는 사이에 자신도 모르게 우리 정신사의 거인이 되어 갔을 것이다. 여헌이 불과 18세의 청년 시절에 남긴 다음과 같은 말은 그가 어린 시절부터 이 거대한 바위 얼굴 같은 우람한 인물이 되기를 꿈꾸어 왔음을 유감없이 보여 주고 있다.

여헌 장현광의 초상화. 초상화 속의 여헌은 당시 80세의 고령에도 불구하고 화기와 덕성이 넘쳐 흐르는 풍후한 모습으로 당당하고 의젓하게 앉아 있어서, 그가 남긴 글이 풍기는 이미지에 부응되는 모습을 보여 주고 있다.(제공: 한국학중앙연구원)

온 천하에서 제일가는 사업을 할 수 있는 사람이 바야흐로 온 천하에서 제일가는 사람이 될 수 있다.[1]

보다시피 그는 18세의 어린 나이에 이미 천하에서 제일가는 사업을 하는 천하에서 제일가는 인물이 되겠다는 원대한 목표를 수립하였다. 여기서 말하는 천하에서 제일가는 사업은 바로 성인聖人의 사업이며, 천하에서 제일가는 인물은 바로 동양 정신사에 천길만길의 물결을 불러일으켰던 공자와 같은 성인을 가리킴은 말할 것도 없다. 요컨대 여헌은 그 어린 나이에 이미 공자와 같은 성인이 되겠다는 실로 장중한 인생 목표를 확고하게 정립했으며, 여헌종가의 사랑방에 바로 이 글을 쓴 서예 작품이 지금도 걸려 있는 것을 보면 여헌의 이와 같은 삶의 자세가 후손들에게도 커다란 영향을 미쳤을 것이다.

2. 영남 인물의 절반인 구미 인물

하지만 여헌을 여헌으로 만들고, 나아가서는 여헌가旅軒家의 가풍을 형성하는 데 큰 영향을 미친 것이 어찌 금오산과 낙동강 같은 자연 환경뿐이겠는가. 그는 포은圃隱 정몽주鄭夢周, 한강寒岡 정구鄭逑 등 영남의 학자들로부터 적지 않은 감화를 받았다. 게다가 여헌이 살던 구미지역에는 여헌보다 먼저 태어나 문화의 씨앗을 뿌린 걸출하고도 지조 높은 인물들이 유달리도 많았다. 그 가운데는 장안세張安世나 장중양張仲陽 등 여헌의 선조들도 포함되어 있다. 여헌이나 여헌의 후손들도 당연히 그들이 내뿜는 매화 향기에 듬뿍 취하면서 자랐으리라. 그러므로 여헌종가에 국한된 관심을 가진 분들에게는 다소 지루할 수도 있겠지만, 여헌과 여헌가에 영향을 미쳤던 이 지역의 선현先賢들에 대해서 간략하게 언급[2]해 두는 것이 좋을 것 같다.

영남 인물의 절반을 차지한다는 이 지역 출신의 무수한 인물 가운데서도 가장 먼저 떠오르는 분은 목은牧隱 이색李穡, 포은 정몽주와 함께 고려 말의 삼은三隱으로 불리는 야은冶隱 길재吉再(1353~1419)다. 그는 풍전등화의 총체적 위기 상황에 처해 있던 고려왕조의 운명을 도저히 돌이킬 수 없음을 알고, 벼슬에서 물러나 고향에 은거하여 저 육중한 금오산을 쳐다보면서 일생을 보냈던 분이었다. 야은은 두 왕조를 섬기지 않는다는 의리정신을 지키기 위하여 조선왕조의 부름을 끝까지 거부하였다. 그것은 중국의 백이伯夷와 숙제叔齊가 전 왕조에 대한 의리를 지키기 위해 수양산首陽山에 들어가서 고사리를 캐어 먹다가 마침내 굶어 죽고 말았던 것과 조금도 다름없는 일이었다.

야은이 세상을 떠난 뒤에 그를 흠모하던 사람들이 금오산 아래 정자를 짓고 채미정採薇亭이라는 이름을 붙인 것이나, 묘소 아래에다 재실齋室을 짓고 백이 · 숙제의 백세청풍百世淸風을 본떠 청풍재淸風齋라 이름을 붙였던 것도 모두 그와 같은 이유에서였다. 게다가 야은의 비석까지 백이 · 숙제의 비석 이름을 그대로 본받아 지주중류비砥柱中流碑라고 불렀던 것도 같은 맥락에서 이해할 수 있을 터. 요컨대 황하 중류의 지주산砥柱山이 그 어떤 격류에도 휩쓸리지 않고 끄떡도 없이 서 있듯이, 그도 또한 그 어떤

야은 길재가 강학을 하던 자리에 후세 사람들이 그를 기려 세운 채미정 뜰에서 바라본 금오산 정상.

상황에서도 굴하지 않는 의리정신의 상징적 인물이었으며, 이와 같은 오연한 절개로 인하여 조선조 선비들의 칭송을 한 몸에 받았던 것이다.

하지만 이 지역 출신 가운데 두 왕조를 섬기지 않는다는 지조를 지킨 분이 야은 한 분만 있었던 것은 아니었다. 우선적으로 떠오르는 인물은 야은과 같은 시대의 백암白巖 김제金濟와 농암籠巖 김주金澍 형제다. 형인 백암은 평해군수로 재직할 때 고려왕조가 멸망했다는 실로 비통한 소식을 듣자, 고려의 신하로서 조선의 하늘을 차마 쳐다볼 수가 없었다. 그리하여 다침내 그는 바닷가에 있는 큰 바위에다 시 한 수를 적어 놓고, 저 아득한 동해로 떠났다고 한다. 백암이 간 곳이 어딘지는 알 수 없지만 아마도 그는 바다 한복판에다 몸을 내던져 물고기의 뱃속에다 장례를 치르고야 말았을 것이다.

백암의 동생 농암은 고려가 멸망하던 1392년 명나라에 사신으로 갔다 돌아오다가 12월 22일 압록강에 이르러 왕조의 멸망 소식을 들었다. 그는 이 망연자실할 소식 앞에서 목을 놓아 통곡을 하다가, 부인에게 대략 다음과 같은 내용의 작별의 편지를 보내고 다시 중국으로 돌아가 버렸다.

"충신은 두 임금을 섬기지 않고 열녀는 두 남편을 섬기지 않는 법이니, 만약 이 강을 건너가게 되면 내 몸이 용납될 곳이 없소.…… 입었던 관복과 신을 보내니 이것이 바로 내가 이 편지를 보냈다는 증거요. 훗날 부인이 세상을 떠나거든 이 관복과 신을 함께 묻어 우리 부부의 묘소로 하고, 압록강에 도착했다가 다시 중국으로 돌아간 날을 내 제삿날로 삼아주시오."

두 임금을 섬기지 않는다는 충절을 이룬 구미 사람으로 말하면, 사육신의 한 사람인 단계丹溪 하위지河緯地(1412~1456)를 빼놓을 수 없다. 그가 태어날 때 집 앞 시냇물이 사흘 동안이나 붉게 물들었기 때문에 시냇물의 이름을 단계丹溪로 고치고 그 시내 이름을 호로 삼았다고 하니, 태어날 때부터 범상하지 않은 인물이었음을 알 수 있다. 이웃집 사람이 얼굴을 알지 못할 정도로 어려서부터 문을 닫고 독서에 열중했던 그는 세종 때 문과에 장원으로 합격하여 벼슬살이를 시작하였다. 병으로 고향에 돌아와 있을 때인 1453년, 수양대군이 김종서金宗瑞와 황보인皇甫仁을 죽이는 것을 보고 단계는 조정으로 돌아갈 뜻을 접었다. 그 후 세조의 부름을 받고 마지못해서 예조참판이 되기는 했으나 단종을 향한 일편단심이 달라진 것은 결코 아니었다. 그가 세조로부터 녹봉으로 받은 곡식을 하나도 먹지 않고 별도의 방에 쌓아 두었다는 일화는 단계의 마음이 어디에 있었는지를 단적으로 보여 주고도 남음이 있다. 세조를 죽이고 단종을 복위하려던 계획이 김질金礩의 고자질로 발각되자, 단계는 박팽년朴彭年, 성삼문成三問, 이개李塏, 류성원柳誠源, 유응부兪應孚 등 이른바 사육신들과 함께 같은 날에 처형을 당하였다.

"이미 나를 반역자로 몰았으면 그 죄가 죽음에 해당하니 그냥 죽이면 되는 것이지 무엇을 자꾸 따져 묻느냐?"

그는 끔찍한 고문 끝에 수레로 사지를 찢어 죽이는 처참한 형벌을 당하면서도 끝내 절개를 굽히지 않았으며, 연좌되어 처형을 당했던 그의 아들들도 의연하고도 당당하게 죽음을 맞이하자 '그 아버지에 그 아들' 이라는 찬양이 쏟아졌다고 한다.

다음으로 언급하고자 하는 인물은 단종을 위하여 절의를 지킨 생육신生六臣 가운데 한 사람인 경은耕隱 이맹전李孟專(1392~1480)이다. 그는 세종 때 문과에 급제하여 청렴결백하게 관직생활을 하고 있었으나 수양대군이 황보인과 김종서 등을 죽이고 정권을 탈취하자 벼슬을 버리고 고향 구미로 돌아왔다. 그리하여 마침내 그는 거짓으로 소경 행세를 하고 거짓으로 귀머거리 행세를

목판에 판화처럼 새겨져서 『야은선생문집』에 수록되어 있는 야은 길재의 초상. 단정하게 꿇어앉아 있는 자세와 부드러우면서도 근엄한 표정이 수양하는 선비의 모습 그대로다.

했다. 수양에 방해가 된다면서 방문객을 사절함으로써 세상과의 문을 꽁꽁 닫아걸었고, 지기였던 강호江湖 김숙자金叔滋(1389~1456)의 아들인 점필재佔畢齋 김종직金宗直(1431~1492)을 제외하고는 어느 누구와도 만나지 않았다고 한다. 그러한 가운데서도 매달 초하루마다 하늘의 해를 향해 절을 하는 한편, 의관을 정제하고 단종이 계신 영월 땅을 향해 절을 올렸으며, 세조가 있는 서울 땅을 향해서 앉은 적은 단 한 번도 없었다고 한다. 경은은 무려 27년 동안이나 소경과 귀머거리 행세를 하면서 단종에 대한 의리를 지켰지만, 점필재를 제외하고는 그 깊은 속뜻을 아는 이가 아무도 없었다는 기록도 있다. 요컨대 남모르는 가운데서 고요히, 그러나 이토록 집요하게 의리를 지킨다는 것은 어쩌면 비분강개하여 그 당장 죽음을 택하는 것보다 훨씬 더 어려운 일일 수도 있을 것이다.

두 임금을 섬기지 않는다는 의리정신과 함께 구미지역의 문화가 지닌 또 다른 특징은 그 어떤 지역보다도 먼저 성리학이 토착화되었다는 점이다. 구미의 의리정신의 뿌리가 야은 길재에게 있었듯이, 이 지역에 성리학이 맨 먼저 토착화될 수 있었던 것도 야은이라는 정신사의 거인이 금오산 밑에 가부좌를 틀고, 도도하고도 장중하게 전개된 성리학의 물꼬를 처음 열었기 때문이다.

야은이 뿌린 씨앗과 거름을 바탕으로 이 지역 출신의 강호 김숙자가 등장하여 그의 도통道統을 계승했다. 강호는 12세의 어린 나이에 길재로부터 『소학小學』과 경서를 배우기 시작했다. 특히 그는 『소학』의 가르침을 바탕으로 하여 관념적이고 추상적인 앎이 아니라 사람들이 살아가는 현장 속에서 실천적으로 구현하는 구체적인 앎을 중시하는 학풍을 조성하였고, 이와 같은 학풍은 다음 세대의 성리학자들에게 커다란 영향을 미쳤다. 그는 별세하던 해에 처가가 있던 밀양으로 거주지를 옮기는 바람에 산소 등 유적지가 밀양에 있으나, 구미에서 태어나 구미에서 살았던 구미 사람이었다.

야은에서 강호로 이어진 성리학의 도통은 그의 아들로, 구미에서 태어난 점필재 김종직으로 다시 이어졌다. 김종직의 학통은 다시 그의 제자인 한훤당寒暄堂 김굉필金宏弼(1454~1504), 일두一蠹 정여창鄭汝昌(1450~1504) 등으로 이어졌고, 한훤당의 학통이 다시 정암靜庵 조광조趙光祖(1482~1519)로 이어짐으로써 구미라는 국한된 범위를 넘어서서 전국적으로 확산되었다. 길재에 의하여 구미에서

싹튼 이와 같은 학통은 우리나라 성리학의 정통으로 널리 인정되고 있으며, 그 이후에 등장한 이 나라의 성리학자들 가운데서 의식적이든 무의식적이든 이 학통의 영향을 입지 않은 사람이 거의 없을 정도다. 이렇게 볼 때 구미지역은 도도하고도 유장하게 전개된 우리나라 성리학의 시원적 모태와도 같은 곳이며, 그 모태의 원초적 출발점에 야은이 깊숙이 자리 잡고 있는 것이다.

구미지역에도 이와 같은 학통의 영향을 입은 수많은 학자가 등장하였으며, 그 가운데서도 특히 주목되는 사람은 신당新堂 정붕鄭鵬(1467~1512)이다. 그는 김굉필의 제자로서 길재, 김숙자, 김종직, 김굉필로 이어지는 학통을 계승하여 성리학 연구에 잠심하였으며, 성리학의 핵심 내용을 도표화하여 책상 앞에 붙여 놓고 매진에 매진을 거듭하였다. 신당은 의가 아닌 것은 절대로 하지 않는 청백리로도 유명했으며, 다음 일화는 그의 이와 같은 삶을 보여 주고도 남음이 있다.

신당이 청송부사로 있을 때, 젊어서부터 절친한 친구였던 좌의정 성희안成希顔이 다음과 같은 편지를 보내왔다. "청송 고을에는 응당 잣과 꿀이 많을 터이니 내게도 조금 보내 주시게." 이 편지를 받은 신당은 다음과 같은 유명한 답장을 보내어 친구로 하여금 쥐구멍을 찾지 않을 수 없게 했다. "잣은 저 높은 산꼭대기에 있고 꿀은 민간의 벌통 속에 있소. 그런데 고을 원인 내가 도대체 무슨 수로 그것을 얻을 수가 있겠소."

신당의 제자 송당松堂 박영朴英(1471~1540)! 어릴 때부터 무예에 뛰어나고 활쏘기에 특히 능했던 그는 무과에 급제하였으나, 유식한 군자가 되지 못했음을 한스럽게 생각하고 항상 이렇게 말했다고 한다.

"말을 달리고 칼을 쓰는 것은 한 사내의 용맹에 불과하니, 학문을 배우지 않고서는 군자가 될 수 없다."

때마침 연산군의 폭정을 목격한 그는 벼슬을 내던지고 고향으로 돌아왔다. 냉산冷山을 마주보고 있는 낙동강 가에다 조그만 집을 짓고 송당松堂이란 현판을 내걸었던 그는 신당 정붕 앞에 『대학大學』을 펴고 학문 연구에 전심하였다. 송당이 『대학』을 읽고 또 읽던 어느 날, 신당이 손으로 냉산을 가리키며 물었다.

"저 냉산 밖에 무엇이 있느냐?"

그러나 『대학』을 읽는 데 골몰하여 냉산 너머로 단 한 번도 가 본 적이 없었던 그는 아무런 대답도 하지 못했다. 그런 그에게 신당은 『대학』을 아직 덜 읽어서 그러니 더 부지런히 읽어야 한다며 달리는 말에 채찍질을 가했다. 그리하여 송당이 다시 『대학』을 무수히 되풀이해 읽었을 때, 마침내 신당이 다시 그에게 물었다.

"저 냉산 밖에 무엇이 있느냐?"

송당 박영이 학문을 하던 송당정사. 집 이름에 걸맞게 몇 그루의 낙락장송들이 정자와 절묘하게 어울려 이루 말할 수 없는 아취를 자아낸다. 이왕이면 휘영청 달이 밝은 밤, 바람 맛이 제대로 들었을 때 술 한 병 들고 찾아갔다가 친구 둘을 만나면 금상첨화다.

그는 『대학』을 읽느라고 냉산 너머에 가 본 적이 단 한 번도 없었지만, 이제는 대답할 수가 있었다.

"바깥이 바로 안쪽과 같아 피차간에 차이가 없을 것입니다."

이 말을 들은 신당이 송당의 학문의 깊이를 비로소 인정했다고 하는데, 이 일화가 바로 그 유명한 냉산문답冷山問答이다.

이상의 서술을 종합해 볼 때 구미지역은 다른 어떤 지역보다도 의리정신이 투철한 곳이었고, 바로 그 의리정신이야말로 이 지역의 정신문화가 지닌 가장 큰 특징이라 할 만하다. 아울러 다른 어떤 지역보다도 성리학의 토착화가 빨랐고, 특히 고려 말 조선 전기에 유달리도 많은 학자가 나왔다는 것도 이 지역의 문화가 지닌 중요한 특징이 아닐 수 없다. 다른 지역에서는 한 사람도 나오기 힘든 거인이 마구 쏟아져 나왔으니, 영남 인물의 절반이 이 지역에서 나왔다는 다소간의 과장이 섞인 말에도 고개를 끄덕이지 않을 수가 없는 것이다.

그러나 야은, 백암과 농암, 단계와 경은 같은 고매한 선비들만 유교적 의리를 지킨 것은 아니다. 『선산지善山誌』 등 관련 문헌들을 살펴보면 구미지역의 여성들 가운데서도 두 남편을 섬기지 않는다는 유교적 의리를 지키기 위하여 몸을 바친 분들이 너무나도 많아서 낱낱이 헤아리기 어려울 정도다. 그 가운데서도 길재의 교화를 받은 분으로 『삼강행실도三綱行實圖』에도 올라 있는 약가藥哥와, 후대에 문학적 모티브로 널리 수용된 향랑香娘은 특히 유명하다. 게다가 구미 땅에는 난데없는 호랑이의 출현으로 위기에 처한 주인을 구하고 죽은 의로운 소도 있었고, 갑작스런 들불로 위기에 처한 주인을 구하고 대신 죽은 의로운 개도 있었다. 이와 같은 이야기가 소설적 허구가 아니라 객관적 사실임을 입증하는 개와 소의 무덤들이 지금까지 전해지고 있기도 하다.

구미지역의 이와 같은 문화적 분위기는 암암리에 여헌에게 적지 않은 영향을 미쳤을 것으로 판단되며, 이 점은 『여헌집』에 수록된 글들을 통해서도 두루 확인된다. 예컨대 여헌은 단계 하위지의 비문과 비석을 세울 때의 고유문告由文, 농암 김주에 대한 제문을 지어 그들의 절의를 뜨겁게 기렸다. 송당이 낚시하던 곳을 찾아가 그를 추모하기도 했고, 약가의 마을에 들렀다가 길재의 비와 약가의 비가 나란히 서 있는 것을 보고 그들을 찬양하는 시를 짓기도 했다.

하지만 구미지역의 여러 선현들 가운데서 여헌에게 가장 큰 영향을 미친 사람은 야은 길재다. 우선 여헌은 야은이 모셔진 금오서원金烏書院 및 오산서원吳山書院과 관련되는 다수의 글을 남기고 있을 뿐만 아니라 야은의 문집에 발문을 쓰기도 했다. 아울러 훗날 여헌이 길재, 김종직, 정붕, 박영 등과 함께 금오서원에, 야은과 함께 오산서원에 모셔졌다는 것도 학통과 관련하여 깊이 음미할 만한 대목이다. 게다가 여헌은 설한풍 몰아치는 추운 겨울에 짚신을 신고 지팡이를 짚은 채 금오산 속의 야은이 심어 놓은 대나무를 찾아가, 야은이야말로 고려의 백이와 숙제라면서 그의 의리정신을 뜨겁게 찬양했다. 뿐만 아니라 그는 야은을 기리는 다음과 같은 시를 짓기도 했다.

대나무는 그 옛날 그대로 푸르고 竹有當年碧
산도 그 옛날 그대로 높아라 山依昔日高
맑은 바람 아직도 머리털 쭈뼛하게 하니 淸風猶竪髮
그 누가 옛사람이 멀리 있다 하는가 誰謂古人遙

「금오산을 찾아」(訪金烏)

다 알다시피 한시, 특히 옛 선현들의 유적지에서 지은 회고시懷古詩들은 영원한 자연에다 무상한 인생을 대비시키고, '산천은 의구하되 인걸은 간 데 없다' 고 탄식을 하는 것이 상투화되어 있다. 그러나 이 시의 주인공인 야은은 '옛사람' 이지만 초역사적 공간으로 사라져 버린 과거의 인물이 아니라 구체적인 현실 속에 생생하게 살아서 그 맑은 바람으로 여헌의 머리털을 쭈뼛하게 하는 인물이다. 그만큼 야은의 삶이 지닌 정신적 파장의 고매함이 여헌의 가슴에 두루 사무쳤다는 뜻이 될 것이다. 이렇게 볼 때 여헌종가의 중요한 가풍家風으로 생각되는 학문에 대한 열정과 의리정신도 야은을 비롯한 구미지역 선현들이 조성한 문화적 분위기와 결코 무관하지 않다고 해야 할 것 같다.

3. 옥산에 닻을 대고 남산에 집을 짓다

여헌 장현광을 불천위로 모시는 인동장씨仁同張氏 남산파南山派의 종택宗宅은 구미시 인동동의 남산 자락에 점잖게 등을 기대고 있다. 남산은 원래 천생산天生山에서 내달려 온 산줄기 가운데 하나로, 옛날 인동현의 관아에서 바라보면 동남쪽에 자리 잡고 있기 때문에 붙여진 이름이다. 여헌의 가문家門을 남산파라 부르고 여헌종택을 남산고택南山古宅이라 부르는 이유도 남산파의 종택이 남산 자락에 등을 기대고 있기 때문임은 말할 것도 없다.

높은 산과 큰 강에 둘러싸여 그지없이 고요하고 평화롭던 인동仁同! 하지만 이 일대는 근래에 접어들어 갑작스레 조성된 거대한 공단과 급격한 도시화로 인하여 옛날의 모습을 거의 완전히

아직 도시화되기 전인 1955년 인동 일대의 모습(제공: 장상범)

(1) 인동초등학교 (2) 당시 인동면사무소 (3) 인동향교 (4) 옥산 (5) 인동중학교 (6) 현 황상동 주택가 (7) 구 황상동 (8) 현 황상네거리 (9) 현 구미전자공고

잃어버렸다. 높은 산과 큰 강은 그런대로 옛날과 유사할지 몰라도 여기저기 들어선 고층빌딩들이 시야를 가로막고 있으므로, 인동 땅 한복판에 발을 딛고 봐도 이 지역을 둘러싸고 있는 자연환경을 일목요연하게 살피기가 어렵다. 그러므로 옛날 인동의 모습을 상상이라도 해 보고 싶으면, 여헌의 설명을 직접 들어보는 것이 아마도 제일 효과적일 것이다.

천생산이 진산鎭山으로 동쪽에 우뚝 솟아 있는데, 바로 거기서 세 개의 산줄기가 갈라져 나온다. 그 가운데 하나는 왼쪽으로 뻗어 한 7리쯤 높아지고 낮아짐을 되풀이하다가 고을의 동남쪽에서 봉우리를 이루었는데, 고을 사람들이 남산南山이라 부른다. 그 남산 아래가 바로 지금의 인의방仁義坊(지금의 구미시 인동동)이다. 세 개의 산줄기 가운데 오른쪽에 있는 것도 높아지고 낮아짐을 되풀이하면서 고을의 동북쪽을 감아 돌다가, 북쪽으로부터 서쪽으로 꾸불꾸불 8~9리쯤을 달려가서 낙동강가의 부지암不知巖에 이르러 멈추었다. 가운데 있는 산줄기는 고을의 뒤쪽에 높이 뭉쳐 있는데, 이것이 바로 이 고을의 주산主山이다. 주산 밑에 작은 한 맥이 끊어지고 이어짐을 되풀이하다가 읍성邑城에 이르러서 하나의 나직한 봉우리를 이루었으니, 이것이 바로 옥산玉山이다. 아마도 옛날 사람들이 이 산이 특별하게 형성된 것을 기이하게 여겨 이 고을 이름을 옥산이라고 불렀을 것이다. 천생산의 동남쪽에 유학산이란 큰 산이 있는데, 이 산이 낮아졌다가 고을의 정남쪽 5~6리 지점에서 우뚝하게 일어났으니 이것이 바로 봉두암鳳頭巖이다. 봉두암 서쪽으로 뻗은 산줄기가 고을의 서남쪽 5리 지점에서 멈추었는데, 그 아래가 바로 양원楊原이다. 고을의 서쪽 들판 10리 밖에는 낙동강이 흐르고 있으며, 강의 오른쪽으로 다시 10리쯤 되는 곳에는 유명한 금오산이 우뚝 치솟아서 마주보고 있다.[3]

혹시 손바닥 위에다 지형도를 올려놓고 쓴 것이 아닐까 하는 느낌이 들 정도로 인동지역의 산천 형세가 아주 꼼꼼하게 묘사되어 있다. 이 일대는 근년 행정구역의 개편으로 인하여 구미시에 소속된 몇 개의 마을로 그 위상이 크게 낮아졌다. 하지만 이곳은 과거 오랫동안 독자적인 행정단위인 인동현仁同縣의 중심 지역이었다. 다 알다시피 이곳에 관향貫鄕을 둔 인동장씨仁同張氏를 옥산장씨玉山張氏라고 부르기도 하는데, 그것은 인동의 별칭別稱이 옥산이었기 때문이다.

위의 글에서 살펴볼 수 있듯이 이 인동지역을 옥산이라고 불렀던 것은 바로 이곳에 옥산이라 부르는 아주 나지막한 산이 있었던 데서 비롯되었다. 그러므로 옥산은 인동의 별칭인 옥산이란 지명을 태어나게 한 인동의 상징일 뿐만 아니라, 인동장씨 즉 옥산장씨의 관향貫鄕을 나타내는 상징적인 성소聖所이기도 하다. 금오산, 유학산, 천생산 등 주위에 우뚝 솟아 있는 육중하고도 장엄한 산이 곳곳에 위치하고 있음에도 불구하고 인동 사람들이 하필이면 이 나지막한 산을 성소로 삼은 이유는 무엇일까? 이에 대해서도 여헌은 다음과 같이 언급한 바 있다.

> 우리 장씨의 종가는 옥산 아래에서 백여 걸음쯤 떨어진 곳에 위치하고 있는데, 사방이 모두 큰길이다. 이 터를 옥두형玉斗形의 터라고 하는데, 그 이유는 똑바른 방향에 북두칠성이 있는 데다 산 이름이 옥산이기 때문이다.[4]

그렇다. 옥산은 결코 눈에 확 띄는 큰 산이 아니다. 나지막하다 못해 없는 듯이 겨우 있는 산이므로 인동을 잘 모르는 사람들은 이 산의 존재를 전혀 의식하지 못할 수도 있다. 그러나 풍수학적 차원에서 볼 때 이 산은 이 일대의 산하들의 옹립을 받는, 하늘에 있는 별로 말하자면 뭇별의 존경을 한 몸에 받는 북두칠성 같은 존재인 것이다.

뭇별의 존경을 한 몸에 받는 북두칠성 같은 존재인 옥산 기슭에 처음 닻을 내린 사람은 인동장씨의 시조였던 장금용張金用이었다.[5] 그에 대해서는 고려 때 삼중대광三重大匡 신호위神虎衛 상장군上將軍을 지냈던 인물이라는 것만 전해지고 있을 뿐 그 이상의 자세한 사실은 알 수가 없다. 그가 어떤 연유로 이 지역에 정착하게 되었는지, 그 구체적인 생존 시기가 언제인지를 확실하게 알 수 없을 뿐만 아니라 그 무덤마저도 잃어버렸다. 그러므로 후손인 여헌은 그 안타까움을 다음과 같이 토로한 바 있다.

> 오늘날 우리가 헤아려 알 수 있는 것은 단지 20여 대代일 뿐인데, 그 위에 미처 알지 못하는 선조가 또 얼마나 많겠는가.…… 또 우리 동성同姓의 종중宗中에서 불행한 것은 시조의 묘소를 까마득하게 모른다는 점이다. 딴 성씨들은 세대가 비록 멀더라도 혹 묘소를 기억하여 알아서 제때에 제사를 올려 정을 펴고 있는데, 지금 우리 장씨張氏는 선조의 봉분이 어디에 있는지를 알지 못하니 정성을 올릴 곳이 없다.[6]

하지만 장금용은 보기 드물 정도로 성대한 집안인 인동장씨의 시조라는 사실 하나만으로도 후손들의 지극한 존경을 받았다. 그러므로 후손들은 1968년에 인동동에다 그를 모시는 옥산사玉山祠를 세우고 해마다 청명淸明에 숭의묘崇義廟에서 제향을 올려 왔으며, 2011년에는 실로 거대한 옥산사를 옥산에다 옮겨 세우기도 했다.

여헌이 탄식한 것처럼 시조 이전의 인물은 전혀 알 수 없지만, 시조 이후부터는 세계가 빠짐없이 알려져 있다. 그러나 장씨 가문의 12세로서 고려 말기에 활약한 인물인 송은松隱 장안세張安世 이전까지의 선조들에 대해서는 자세한 행적을 알 수가 없다. 다만 족보의 기록을 통해서 대단한 벼슬은 아니지만 대대로 벼슬이 이어졌음을 알 수 있으며, 초창기의 무관 벼슬에서 문관 벼슬로 변화되어 갔음도 확인할 수 있다.

이와 같은 상황 속에서 인동장씨 가운데 그 행적이 어느 정도나마 알려져 있는 최초의 인물인 장안세가 출현하였다. 그는 고려 말기에 함흥부윤咸興府尹과 덕녕부윤德寧府尹을 지냈다. 함흥부윤으로 재직하고 있을 때 치수治水 사업을 성공적으로 수행하여 홍수의 범람을 막았으며, 만세교萬歲橋라는 70여 칸 규모의 큰 다리를 세우기도 했다. 고려왕조의 관료로서 이처럼 성공적인 업무 수행을 하고 있던 그는 조선왕조가 개국되자 벼슬을 그만두고 은둔생활에 들어갔다. 새 왕조를 개창한 태조 이성계는 그전

여기가 바로 옥산! 현재 옥산에는 장금용 등을 모시는 옥산사와 장안세를 모시는 옥계서원이 이건되어 있는데, 인동의 상징인 옥산이 사라지는 것 같아 정말 아쉽다.

부터 친교가 있었던 장안세를 여러 번에 걸쳐 불렀지만, 그는 끝끝내 절개를 굽히지 않고 옥산에서 세상을 마쳤다. 이와 같은 절의로 인하여 장안세는 별세 후 수백 년 뒤인 1834년에 충정忠貞이란 시호諡號를 받았으며, 세상에서 이른바 두문동杜門洞 72현賢의 한 분으로 추앙되었다.

이렇게 볼 때 장안세는 두 번에 걸쳐 인동장씨의 사회적 위상을 높이는 데 크게 기여한 인물이었다. 우선 그는 관료로서의 활약과 두 왕조를 섬기지 않는다는 의리를 지킴으로써 집안의 사회적 위상을 높였다. 그때가 마침 성리학의 도입과 함께 절의정신이 강조되던 때였으므로 그의 소신에 찬 행동은 더욱더 탄력을 받을 수 있었다. 아울러 그는 수백 년이 지난 뒤에 시호를 받고 두문동 72현에 포함되어 지극한 칭송의 대상이 됨으로써 집안의 위상을 다시 한 번 크게 높였다. 당연한 결과가 되겠지만 장안세는 후손들로부터 극진한 존경을 받았다. 후손들은 인동동 옥산사 옆에 그를 주인공으로 모시는 옥계사玉溪祠를 창건하고, 그 옥계사를 다시 옥계서원玉溪

書院으로 승격시켰다. 그 옥계서원을 2011년에 옥산으로 옮겨 그 규모를 일신하기도 했는데, 이 모든 일들이 장안세에 대한 후손들의 존경심의 소산임은 말할 것도 없다.

장안세의 네 아들 가운데 맏이인 장중양張仲陽은 고려 말기에 김해부사를 역임한 분으로, 그는 아버지가 함흥부윤으로 있을 때 이성계와 교유를 한 적이 있었다. 이성계가 조선을 세운 뒤에 장중양을 한성좌윤漢城左尹에 임명했으나, 그는 절개를 굽히지 않았다. 더구나 죽음을 앞두고 비석에 고려조의 벼슬을 쓰라는 우언을 남겨 자신이 고려왕조의 신하임을 분명히 함으로써 아버지와 마찬가지로 두 나라를 섬기지 않는다는 의리를 끝까지 지켰다.

장중양의 아들 장수張脩는 조선조의 벼슬에 나아가 사헌부장령司憲府掌令 등을 역임했는데, 아버지나 할아버지와는 달리 그가 조선조의 벼슬에 나아가게 된 것은 아버지의 권유 때문이었다. 장중양이 자신은 벼슬에 나아가지 않으면서 아들에게 벼슬을 권유한 것은, 자신과는 달리 아들의 경우에는 고려조에 대해 지켜야 할 의리가 없었기 때문이었다. 그것은 마치 야은 길재가 두 나라를 섬기지 않는다는 이유로 조선조의 벼슬을 거부하면서도 자신의 아들에게 벼슬을 권유한 것과도 같고, 길재의 학통을 계승한 김종직이 벼슬에 나아간 것과도 같은 경우였다. 성품이 아주 강직했던 장수는 거침없이 바른 말을 하면서 조정의 기강을 바로잡으려고 노력했으나 여의치 않아 고향으로 돌아와 세상을 떠났다.

장수는 장보張俌와 장우張俁 두 아들을 두었는데, 종3품 무관직에 해당하는 사천진병마첨절제사泗川鎭兵馬僉節制使에다 사천현감을 겸직한 둘째 아들 장우가 바로 여헌의 5대조다. 보다시피 그는 벼슬이 크게 높았던 것은 아니지만 인동장씨 남산파의 역사에서 대단히 중요한 의미를 지니는 인물이다. 왜냐하면 인동장씨들이 옥산을 중심으로 한 인동에서 살기 시작한 것은 시조 장금용 때부터였지만, 인동장씨 가운데 한 파인 남산파가 현재 종택이 위치하고 있는 남산 아래에다 자리를 잡은 것은 장우 때부터이기 때문이다. 인동동에 있는 그의 묘소에는 조그만 비석이 하나 남아 있는데, 그 비석에 기록된 바에 의하면 그는 1480년(성종 11)에 이 무덤에 묻혔다고 한다. 이를 통해서 볼 때 그는 15세기 중반에 활동한 인물로 추정되며, 따라서 그가 남산 아래에다 처음으로 터를 잡은 것도 그 무렵이 아닐까 싶다. 요컨대 그는 지금으로부터 대략 550년 전에 여헌으로 대표되는 남산파가 대대로 살 수 있는 터전을 남산 기슭에다 마련하고, 남산파의 파조派祖가 되었던 것이다.

장우의 아들이 장승량張承良인데, 그는 정3품 무관 벼슬인 내금위內禁衛 어모장군禦侮將軍을 지낸 인물이었다. 족보에 의하면 그는 활을 잘 쏘기로 세상에 명성을 떨쳤다고 하며, 이러한 사실은 『성종실록成宗實錄』의 기록을 통해서도 다시 한 번 확인된다.

그가 내금위로 재직하던 1470년(성종 1)에, 성종이 직접 지켜보는 가운데 벌어진 활쏘기 대회에 참여하여 90명 가운데 1등을 차지하고 활 하나를 하사받았다는 기록이 바로 그것이다. 장승량의 아들 장준張俊은 충순위忠順衛를 역임했는데, 충순위는 정원이 일정하지 않고 품계에도 들지 않는 군대조직이었다.

이 대목에서 한 가지 기이하게 느껴지는 것은 인동장씨 집안이 시조 장금용으로부터 한동안 무반 벼슬을 하기는 했지만 문반으로 벼슬을 옮겨 오고도 참으로 오랜 세월이 지났는데, 이 무렵 여러 대가 새삼스럽게 다시 무반 벼슬을 하였다는 점이다. 장준의 아들 장계증張繼曾(1491~1557)이 다시 문반 벼슬르 돌아오긴 했으나, 그 직위가 정9품인 종사랑從仕郎에 불과했다는 것도 주목되는 사실이다. 무관이 문관보다 낮게 취급되었던 당시의 역사적 조건과 사회적 상황을 고려할 때 문관에서 무관으로 넘어가는 것은 정말 내키지 않은 일이었을 터인데, 그 연유가 무엇인지 궁금하다.

이 무렵 남산파의 역사에서 또 하나 주목되는 것이 있다면 장승량이 아버지 장우가 터를 잡아 놓은 남산을 떠나서 성주의 암포岩浦(현재 성주군 월항면 안포리)로 이주했다는 사실이다. 남산파가 암포와 인연을 맺은 것은 장승량의 조부인 장수가 암포에 살고 있었던 판양양부사判襄陽府使 이번李蕃의 딸과 결혼을 하면서부터 시작된다. 아들딸 구별 없이 재산이 균분되는 경향이 보편화되어 있었던 당시 사회의 분위기를 고려해 볼 때, 장수는 이때 암포에 일정한 정도의 경제적 기반을 마련했을 것으로 보인다. 장승량이 암포로 이주한 것도 이와 관련이 있어 보이며, 거주지가 불명확하나 그가 성주이씨 집안에 장가를 든 것과도 관련이 있는 것 같기도 하다.

성주로 이주했던 남산파가 다시 남산으로 돌아온 것은 장계증의 아들인 장렬張烈(1510~1561) 때였으며, 장승량, 장준, 장계증 3대의 묘소가 모두 암포에 있는 것을 보면 그들이 그동안 성주를 근거지로 하여 살고 있었음도 분명해 보인다. 그러나 그들이 3대 동안 성주에만 눌러 살고 있었던 것은 아니었는데, 장계증의 아들 장렬에 대한 다음 기록이 그 증거다.

> 1510년(중종 5) 7월 3일, 서울 남문 밖의 본가에서 태어났다. 20세가 된 뒤에 고향으로 가서, 암포로부터 남산으로 돌아왔다.[7]

보다시피 장승량의 증손 장렬이 태어난 곳은 서울에 있는 본집이었고, 장렬의 아우인 장희張熙도 서울 본집에서 태어난 것으로 기록되어 있다. 이것은 결국 그 사이에 그들이 서울에도 집을 마련하고 있었음을 의미하며, 서울에 집을 마련한 사람은 내금위어모장군 장승량이 아닐까 싶다. 왜냐하면 그의 직책이 궁궐을 수비하는 일이었으므로 서울에서 거주해야 했고, 따라서 서울에 집을 마련할 수밖에 없었을 터이기 때문이다. 만약 그렇다면 남산파는 그동안 성주에 근거지를 두면서도 서울에서 생활하고 있었으며, 장계증이 서울 대갓집 출신의 부인을 맞이할 수 있었던 것도 이러한 배경에서 이해할 수 있다. 그런데 장계증의 아들이자 여헌의 아버지인 장렬이 20세가 된 뒤에 서울에서 성주 암포로 귀향하였고, 암포의 근거지를 아우인 장희에게 맡기고 다시 옛날에 살던 남산으로 거처를 옮겼던 것이다.

남산파의 터전을 다시 닦은 여헌의 아버지 장렬은 어릴 대부터 경학을 공부하여 무불통달의 경지에 이르렀을 뿐만 아니라 뜻과 행실이 준엄·엄정했고, 일을 처리함이 꿋꿋하여 사람들이 두려워하면서도 공경했다고 한다. 그는 죽정竹亭 장잠張潛과 함께 집안 간의 계를 만들고 족보를 편찬하였으며, 선조의 묘소에 제사를 지내고 집안 간의 친목을 도모하였다. 게다가 매월 초하루마다 자제들을 이끌고 학문을 강론하고 암송함으로써 집안의 학문적, 문화적 위상을 높이는 데도 노력을 기울였다. 요컨대 그는 비록 벼슬을 하지는 않았지만, 집안의 어른 역할을 수행하면서 훗날 전개될 남산파의 터전에다 새로운 문화의 씨앗을 묵묵히 뿌리고 있었던 것이다.

주

1) 장현광,『宇宙要括帖』.
2) 이하 구미의 인물들에 대한 내용은 해당 인물의 문집 및 다음의 책들을 바탕으로 하여 서술하였다.
한국정신문화연구원,『민족문화백과대사전』(1993); 선산지편찬위원회,『선산지』(1965); 선산군지편찬위원회,『선산군지』(1968); 구미시,『내 고장 전통 가꾸기』(1982); 선산군,『선산의 맥락』(1983); 칠곡군,『호국의 고장』(1983).
3) 장현광,「仁義坊說」.
4) 장현광,「仁義坊說」.
5) 이하의 내용은『인동장씨 남산파 세보』,『여헌집』,『조선왕조실록』등의 내용을 바탕으로 서술하였다. 서술 과정에서 다음의 글들을 참고하였으며, 뒤에 수록된【仁同張氏 南山派 宗孫 系統圖】는 김학수의 논문에 수록된 것을 바탕으로 첨삭한 것이다.
김학수,「인동장씨 여헌종택의 가계와 고문서」,『고문서집성79－인동 인동장씨 여헌종택 편』(한국학중앙연구원, 2005); 장인채,『玉山連峰』(여헌학연구회, 2007).
6) 장현광,「祭始祖仍喩姓中老少說」.
7)『인동장씨 남산파 세보』.

【仁同張氏 南山派 宗孫 系統圖】

張俁
(未詳~1480)
南山派祖
泗川鎭兵馬僉節制使

→ **張承良**
(生卒年未詳)
內禁衛

→ **張俊**
(生卒年未詳)
忠順衛
贈 承政院左承旨

→ **張繼曾**
(1491~1557)
從仕郎
贈 吏曹參判

↓ **張烈**
(1510~1561)
贈 吏曹判書

← **張顯光**
(1554~1637)
字: 德晦, 號: 旅軒
諡號: 文康
逸 議政府右參贊
贈 議政府領議政

← **張應一**
(1599~1676)
生父: 顯道, 字: 經叔
號: 聽天堂
諡號: 文穆
文科
弘文館副提學
贈 吏曹判書

← **張鋉**
(1622~1705)
字: 鳴世, 號: 訴梅堂
壬寅(1662) 司馬
世子翊衛司衛率
贈 戶曹參議

↓ **張萬紀**
(1639~1720)
字: 仁徵, 號: 南岡
司馬
世子翊衛司副率
贈 吏曹參議

→ **張大猶**
(1660~1690)
字: 天配
通德郎

→ **張趾德**
(1680~1748)
字: 汝章, 號: 四而堂
蔭 世子翊衛司翊贊

→ **張壽崙**
(1698~1775)
字: 杜彦
蔭 莊陵參奉
壽僉中樞

↓ **張胤宗**
(1723~1801)
字: 繼善, 號: 老窩
蔭 敦寧府都正

← **張時樞**
(1751~1787)
字: 士權
通德郎

← **張錫祜**
(1777~1810)
字: 德勝
通德郎

← **張啓遠**
(1801~1829)
字: 景傳

↓ **張健植**
(1825~1849)
字: 行甫

→ **張志永**
(1863~1907)
寧陵令
抗日運動家

→ **張世明**
(1893~1946)
獨立運動家

→ **張昌翼**
(1916~1995)

↓ **張哲洙**
(1934~2009)

← **張桓豪**
(1978~)

제2장 종가의 역사

1. 공자를 꿈꾼 여헌

이 책의 주인공인 여헌 장현광(1554~1673)[8]은 크고 작은 봉우리로 구성된 조선조 성리학사에서 우뚝 솟아 있는 드높은 봉우리들 가운데 하나다. 이와 같은 사실에 대해서는 누구나 동의를 하겠지만, 막상 여헌의 학문을 자리매김하기는 결코 쉽지 않다. 가령 그의 성리설性理說만 해도 그렇다. 학계에서는 여헌의 성리설이 율곡栗谷과 가깝다고 주장하는 학자가 있는가 하면, 퇴계退溪 학설의 발전적 형태로 보는 학자도 있다. 게다가 퇴계와 율곡의 학설을 절충한 것이라고 보는 학자도 있고, 퇴계와 율곡 가운데 어느 한쪽에다 귀속시킬 수 없는 독자적인 사상을 가졌다고 보는 학자도 있다.

도대체 여헌 사상의 구체적인 내용이 무엇이기에 그를 연구하는 전문적인 학자들 사이에서도 이토록 의견이 엇갈리고 있을까? 누구나 궁금해지겠지만, 이 얄팍한 책에서 이런 문제를 본격적으로 다루기는 대단히 어렵다. 왜냐하면 이와 같은 질문에 대하여 간단하고 명쾌하게 대답하기 어려운 여러 가지 이유들이 도처에 도사리고 있기 때문이다. 그 가운데 하나로 『주역周易』과 성리학性理學이 바탕을 이루는 여헌의 사상에 대한 연구가 아직 충분히 이루어지지 못했다는 점을 들 수 있다. 게다가 여헌의 사상은 너무나도 심오하고 어렵기 때문에, 쉽게 이해할 수 있도록 설명하기가 정말 어렵다. 어려운 사상을 쉽게 설명하기 위해서는 무엇보다도 설명하는 사람이 그 내용을 확실하게 알고 있어야 하는데, 부끄럽게도 그렇지가 못한 상황이기도 하다. 더구나 이 책은 전문가가 아니라 일반 사람들을 가상적인 독자로 하여 집필되는 대중적인 책이고, 읽으면 누구나 이해할 수 있도록 써야 한다는 집필 방침이 애초부터 주어져 있기도 하다.

그러므로 여헌의 심오한 사상에 대한 장황하고도 난해하기 짝이 없는 추상적 설명은 대단히 아쉽지만 접어 두기로 한다. 그 대신 여기서는 사상의 외부적 드러남인 생애에 대한 보다 구체적인 접근을 통하여 걸출한 사상가 여헌의 인간상을 정립하여 보고자 한다.

1) 고난에 찬 전반기, 학문의 터를 닦다

1637년(인조 15) 청나라의 침략을 받아 남한산성으로 피난을 갔던 인조는 결국 절대적인 힘의 부족을 느끼고 처절하게 무릎을 꿇고 말았다. 84세의 고령임에도 불구하고 청나라와 싸울 의병을 일으키기 위해 동분서주하고 있던 경상도의 한 선비에게도 왕의 항복 소식이 들려왔다.

"고금 천하에 어찌 이런 일이 있단 말인가. 하늘도 없고 해도 없으니, 내가 간들 어디로 가겠는가."

치욕을 도저히 감당할 수가 없었던 그는 조상의 산소에 가서 이 세상을 하직하는 인사를 드리고, 세상과는 완전히 고립된 공간인 첩첩산중 영천 땅 입암立巖(지금의 포항시 죽장면 입암리)으로 들어갔다.

그해 9월 6일 입암에서는 천둥을 동반한 폭우가 내려 산이 무너지는 변고가 발생했다. 그 다음날 아침에는 해가 어두컴컴했고 회오리바람이 맹렬한 기세로 불어댔다. 그러한 와중에 우리나라 정신사에서 찬란하게 빛나는 바로 그 선비가 경제당敬躋堂 만욱재晩勗齋에서 고요히 숨을 거두었다. 그가 누운 방의 벽에는 마음을 다스리는 12구절의 좌우명이 붙여져 있었는데, 그 가운데는 다음과 같은 내용도 포함되어 있었다.

정밀하고 한결같이 마음을 보존하고 存心精一
저 광활한 우주에서 마음을 노닌다 遊心宇宙

최후의 순간까지 이토록 치열하게 마음을 닦으면서 저 우주 공간을 마음껏 소요하던 정신의 거인, 그가 바로 여헌 장현광이었다. 그는 1554년 인동현仁同縣 인선방仁善坊(지금의 구미시 인동동) 오늘날의 여헌종택에서 아버지 장렬과 어머니 경산이씨京山李氏 사이의 6남매 가운데 유일한 아들로 태어났다. 자는 덕회德晦, 시호는 문강文康, 여헌은 그의 호이며, 별세 후 영의정에 추증되었다.

그가 지상에 머물렀던 84년 동안은 우리 역사상 그 유례를 찾기 힘들 정도로 힘겹고 혼란스런 시기였다. 이 기간 중에 미증

구미시 오태동에 있는 여헌의 묘소. 음력 10월 10일에 묘사를 지낸다. 가까운 곳에 야은 길재의 묘소, 야은의 지주중류비, 야은과 여헌을 모셨던 오산서원 터 등이 있으므로 함께 답사를 하는 것이 좋다.

유의 참혹한 전쟁인 임진왜란에다 정유재란, 정묘호란, 병자호란 등 외적의 침입이 줄줄이 이어져서 국가의 근간이 근본적으로 뒤흔들렸다. 많은 백성이 적의 무자비한 칼날 아래 목숨을 잃었고, 겨우 살아남은 백성의 삶도 도탄에 빠졌음은 말할 것도 없다. 외적의 침입이 아니더라도 그 사이에 인조반정仁祖反正과 이괄李适의 난 등 크고 작은 사건이 잇달아 일어나서 혼란을 더욱더 부채질하였다. 이러한 시기에 84년 동안 파란만장한 삶을 살았던 여헌의 생애는 대체로 52~53세를 분기점으로 하여 50년이 조금 넘는 전반기와 30년이 조금 넘는 후반기로 구분할 수 있다.

생애의 전반기는 본격적인 학문을 펼치기 위해 터전을 닦은 기간이다. 연보에 의하면, 그는 7세 때 이미 공부를 시작했으며, 9세 때 자형인 송당 박영의 제자 노수함盧守諴 앞에 무릎을 꿇고 책을 펼쳤다. 11세 때는 이미 범상하지 않은 면모를 보였던지 다음과 같은 일화를 남기기도 했다.

> 신당 정붕의 아들 정각鄭慤이 노수함의 집에 왔다가 여헌을 보고 "나는 평생 이토록 비범한 아이를 보지 못했다. 훗날 틀림없이 세상에 뛰어난 인물이 될 것이다"라고 칭찬하면서 선물을 주려고 하였다. 노수함이 농담 삼아 "선물을 주려면 타고 온 말을 선물로 주라"고 하자, 정각이 집으로 돌아가서 즉시 말을 보냈으나 여헌이 사양하고 돌려보냈다.[9]

14세 때 집안 어른 장순張峋에게 나아가 배우기 시작했으며, 16세 때 스승의 책상 위에 놓여 있는 『성리대전性理大全』「황극편皇極篇」을 읽고 학문의 세계에 깊이 침잠하기 시작했다. 이때부터 그는 특별한 스승을 모시지 않고 혼자서 탐색을 거듭했으며, 그리하여 마침내 18세 때 이미 우주의 원리를 논한 철학적 저술인 『우주요괄첩宇宙要括帖』을 지었다. 그 끝 부분인 「반궁첩反躬帖」에서 그가 "온 천하에서 제일가는 사업을 할 수 있는 사람이 바야흐로 온 천하에서 제일가는 사람이 될 수 있다"라고 하면서 성인이 되겠다는 인생목표를 확고하게 정립했음은 앞에서 말한 그대로다. 게다가 여헌의 나이 27세 때 있었던 다음과 같은 일화를 통해서 볼 때, 이 무렵에는 이미 그의 학문이 상당한 수준에 이르렀던 것 같다.

> "남쪽 지방의 선비 가운데 누가 학문을 좋아합니까?"
> 성주목사로 부임한 허잠許潛이 한강寒岡 정구鄭逑에게 이렇게 묻자, 한강은 다음과 같이 대답하였다.
> "공자의 제자 가운데서도 학문을 좋아한 사람은 안자顔子 한 사람밖에 없었으니, 어찌 쉽게 말할 수가 있겠습니까. 하지만 장 아무개는 학문을 구하고 도에 뜻을 두며 덕행이 순수하게 무르익었으니, 훗날 우리의 사표師表가 될 사람은 틀림없이 이 사람일 것이오."[10]

노魯나라의 애공哀公이 공자에게 "제자들 가운데 누가 학문을 좋아하느냐"고 물었을 때, 공자는 "학문을 좋아하는 사람은 오직 안자 한 사람뿐"이라고 대답한 바 있다. 그런데 보다시피 영남학파의 거봉巨峰이었고, 미수眉叟허목許穆—성호星湖 이익李瀷—다산茶山 정약용丁若鏞으로 이어지는 근기近畿 남인학파南人學派의 물꼬를 터놓기도 했던 정구는 장현광을 공자의 제자 안자에 비견하고 있다. 게다가 그는 훗날 사표가 될 만한 사람이 장현광이라고 말하고 있기도 하다. 한강의 이와 같은 평가를 통해서 볼 때, 이 무렵에 여헌은 이미 학자로서 범상하지 않은 경지에 올라 있었으며, 그 이후에 전개된 그의 삶은 한 주체적인 인간으로서의 최고의 경지인 성인이란 목표를 달성하기 위해 그야말로 혼신의 힘을 다해 나가는 과정이었다.

성인이 되겠다는 목표를 달성하기 위해 학문을 하는 과정에서 여헌이 가장 열심히 연구한 것은 『주역周易』이었다. 23세 무렵에는 몇 년 동안이나 잠자고 밥 먹는 것을 잊을 정도로 『주역』 공부에 몰두했으며, 39세 때 임진왜란을 만나 황망한 가운데 허둥지둥 피난을 다니면서도 보따리 속에 언제나 『주역』을 넣고 다녔다. 전쟁의 와중에서 사태가 다급하게 전개되거나 극단적인 가난에 시달리면서도 『주역』 공부를 그치지 않았다. 요컨대 그의 대표적 저술인 『역학도설易學圖說』(55세), 『경위설經緯說』(68세), 『만학요회晩學要會』(75세), 『우주설宇宙說』(78세), 『태극설太極說』(79세) 등

이 지어진 것은 그의 인생의 후반기의 일이었지만, 그와 같은 본격적인 저술들은 인생의 전반기에 줄기차게 투자했던 시간과 열정의 결과였던 것이다.

여헌의 인생의 전반부는 이처럼 학문의 원초적 터전을 닦는 의미심장한 시기이기도 했지만, 혹독한 시련이 잇따랐던 참 가혹한 시기이기도 했다. 그는 8세 때 아버지의 상을 당하여 어머니 슬하에서 자라날 수밖에 없었고, 26세 때 한강 정구의 질녀 서원 정씨西原鄭氏와 느지막이 결혼을 했다. 이 결혼은 한강과 여헌을 구심점으로 하여 낙동강 중류 지역인 구미와 성주 일대에 한강·여헌학파를 형성케 하는 계기가 되었다는 점에서 큰 의미를 지닌 것이었지만, 결혼 6년 뒤인 32세 때 아내가 세상을 떠나고 말았다. 5년 동안이나 홀아비로 지내다가 37세 때 재혼을 했으나, 38세 때는 어머니의 상을 당하는 망극한 슬픔이 뒤를 이었다.

더구나 그 다음 해에 일어난 임진왜란은 여헌에게 그야말로 설상가상雪上加霜의 수난을 안겨 주었다. 어머니의 상을 당한 지 6개월밖에 안 된 상주였던 그는 조상의 신주들을 남몰래 숨겨 둔 채 어머니의 신주와 상복을 챙겨 들고 피난을 떠났다. 어머니의 소상小祥을 피난살이하고 있던 자형의 집에서 치렀을 뿐만 아니라 어머니의 대상大祥도 또 다른 자형의 집에서 치러야 했다. 묻어 두었던 조상들의 신주를 모두 분실하는 어처구니없는 사태 앞에서 망연자실해야 하는 일이 벌어지기도 했다. 백성들은 극도의 사회적인 혼란 속에서 절대적인 빈곤에 시달렸으며, 여헌도 물론 예외일 수 없었다.

> 추위와 굶주림이 몰려오자 인간으로서의 도리는 완전히 무너져 버렸다. 부자와 부부가 도로에서 서로를 버리는 일이 수두룩했으며, 굶주려 죽은 자가 도랑과 골짜기에 가득 찼다. 들은 바에 의하면 해인사에서는 하루에 7~8명 이상의 시체를 끌고 나오는데, 모두 굶어 죽은 백성의 시체라고 한다. 게다가 겨울부터는 전염병이 크게 유행하여 온 마을 사람들이 다 드러누웠고, 전 가족이 함께 죽는 사태가 벌어지지 않는 곳이 없었다. 할 일이 없어진 사람들이 도둑이 되어 밤낮없이 날뛰면서 남아 있는 사람들을 노략질하는 것이 왜적과 다를 바가 아무 것도 없었다. 그러므로 사람들이 이렇게 죽어 가기도 했고 저렇게 죽어 가기도 했다.[11]

이토록 힘들었던 임진왜란이 끝나고 난 뒤에도 여헌이 처한 어려움은 별로 달라진 것이 없었다. 전쟁 통에 고향 집이 죄다 타서 온통 쑥대밭이 되었기 때문에 고향으로 돌아갈 수도 없었다. 일정한 거주지가 없었으므로 여헌은 보따리를 싸 들고 남쪽으로는 성주로부터 북쪽으로는 봉화에 이르기까지 경상도 일원에 있는 친구와 친척, 제자들의 집과 절집 등을 바람처럼 떠돌다가 구름처럼 흩어졌다. 이와 같은 상황에 대해서는 여헌이 남긴 다음과 같은 술회를 통해서도 그 대략을 살펴볼 수 있다.

> 나는 옥산玉山 사람이다. 어려서 아버지를 여읜 슬픔 속에서 사방으로 떠돌아다니며 배웠으니, 집에서 살 수 없었던 것은 어려서부터 그러하였다. 게다가 지난번 임진왜란이 일어나던 해 여름에 옥산이 왜적倭賊이 관통하는 길목이 되었고, 우리 집은 바로 그 길가에 있었다. 따라서 달아나서 숨기를 남들보다 가장 먼저 하였고, 집이 전쟁 통에 불타는 바람에 빈터만 남아 있다. 그러므로 비록 왜구가 물러간 뒤에도 고향으로 돌아갈 수가 없었다. 이로부터 친척에 의탁하지 않으면 반드시 친구들에게 의지해야 했다. 가족들을 이끌고 이리저리 옮겨 다니다 보니 경우에 따라서는 한 해에도 서너 번씩 옮겨 다녀 마침내 동서남북으로 정처 없이 떠도는 사람이 되었으니, 나그네가 됨이 나보다 더한 자가 누가 있겠는가. 그 실상이 이와 같으니 호號를 여헌旅軒이라 하는 것이 마땅하지 않겠는가.[12]

인용한 글은 44세 때 자신의 호를 여헌으로 정하면서 호에다 하필이면 '나그네 려'(旅) 자를 붙이게 된 경위를 설명한 글이다. 보다시피 그는 인생의 전반기를 나그네로 살았다. 임진왜란이 터지고 난 뒤에는 더욱더 그러하였으며, 이와 같이 정처 없는 나그네 생활은 이 글이 쓰이고도 거의 10년 동안 더 계속되었다.

2) 성인도 사람이고 나도 사람이다

정처 없는 나그네 생활을 계속하고 있던 여헌은 52세 때 생질 경암敬庵 노경임盧景任이 원당元堂(지금의 구미시 생곡동)에다 원회당遠懷堂을 지어 제공하면서 전환의 돌파구를 마련했다. 원회당의 확보는 무엇보다도 여헌으로 하여금 그동안의 오랜 나그네 생활을 마감할 수 있게 해 주었다. 같은 해에 사촌 동생인 장현도張顯道의 둘째 아들 장응일張應一을 양자로 받아들여 대를 이었다. 풀리려고 하니까 일이 술술 잘도 풀려서 53세 때는 제자인 만회당晩悔堂 장경우張慶遇가 집안사람들과 의논하고 관청의 도움을 받아 폐허가 되어 버린 인동의 집터에 여헌종가의 영원한 구심점이 된 모원당慕遠堂을 새로 지어 주었다. 같은 해에 제자 수암守菴 정사진鄭四震도 영천 입암에다 만활당萬活堂을 지어 놓고 여헌을 초청하였다. 게다가 57세 때는 장경우가 고을 사람들과 의논하여 집에서 가까운 낙동강 가에다 부지암정사不知巖精舍를 지어 주기도 했다.

살림집인 모원당을 새로 짓고 장응일을 양자로 들임으로써 여헌은 일단 가정적으로 안정될 수 있었다. 게다가 여헌의 3대 강학처講學處로 불리는 원회당과 입암, 부지암에 정사가 건립되면서 제자들을 대상으로 한 본격적인 강학활동을 전개할 수 있는 터전이 마련되었을 뿐만 아니라, 지금까지 온축되어 온 그의 학문이 풍성한 결실을 맺기 시작했다.

이 무렵부터 여헌의 명성이 더욱더 알려지면서 그 무슨 밀물처럼 벼슬이 끝없이 밀려오기 시작했다. 물론 생애의 전반기에도 그는 세상에 널리 알려진 존재였고, 그에 따라서 무려 13번에 걸쳐서 벼슬이 주어지기는 했다. 그러나 생의 후반부에서는 주어지는 벼슬이 더욱더 높아졌을 뿐만 아니라 벼슬을 제수하는 빈도도 훨씬 더 잦아졌다. 왕은 이미 당대의 대표적인 재야 학자로 존경을 한 몸에 받고 있었던 여헌을 모시기 위하여 궁궐의 의사

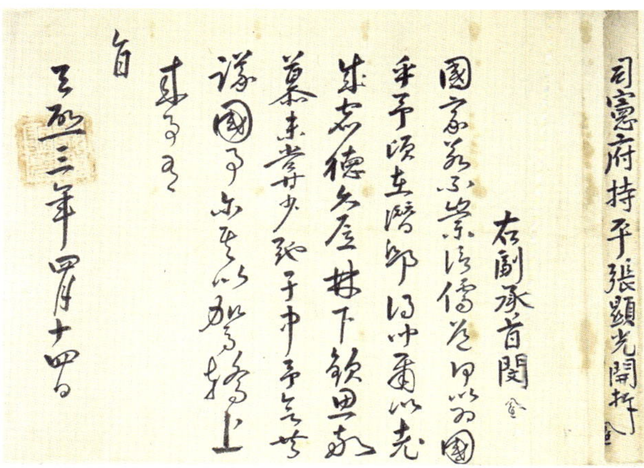
司憲府持平張顯光開拆
右副承旨閔

여헌을 사헌부지평에 임명한다는 내용이 기록된 고문서(제공: 한국학중앙연구원)

를 보내어 병을 치료하게 하고 약물과 음식물, 술과 고기를 하사하는 등 온갖 정성을 다 기울였다.

그러나 일생 동안 대략 마흔 번에 걸쳐서 낮게는 참봉參奉으로부터 높게는 정이품 우참찬右參贊에 이르기까지 갖가지 벼슬이 주어졌음에도 불구하고 여헌이 실제로 벼슬에 부임한 적은 거의 없었다. 이 점은 그가 임진왜란으로 인하여 절대적인 빈곤에 시달리면서 떠돌이 생활을 하고 있을 때도 마찬가지였다. 여헌의 연보에 따르면 이 기간에도 무려 열두 번이나 벼슬이 주어졌지만 부임한 것은 보은현감과 의성현령 두 번밖에 없었고, 그때도 고작 몇 달 만에 사임을 하고 돌아와 버렸다. 특히 보은현감으로 재직하고 있을 때는 다섯 번에 걸쳐 사표를 내어도 허락해 주지 않자, 여섯 번째 사표를 내고 허락도 받지 않은 채 돌아왔다가 의금부에 잡혀가는 수모를 당하기도 했다. 이렇게 볼 때 벼슬에 대한 그의 태도는 대단히 소극적인 것이었다. 여헌은 벼슬하지 않기 위하여 몸부림치고 있었으며, 실제로 중앙 관직에 있었던 기간은 다 합해 보아도 고작 한두 달에 불과할 정도였다.

여기서 자연스럽게 제기되는 것은 여헌이 벼슬에 대해서 이토록 소극적이었던 이유가 도대체 무엇이었을까 하는 의문이다. 여헌의 연보에는 그가 병 때문에 벼슬을 사임했다는 기록을 여러 곳에 수록해 두고 있지만, 그것이 액면 그대로의 진실일 것 같지는 않다. 중세시대에 벼슬살이를 싫어하는 사람이 병을 핑계로

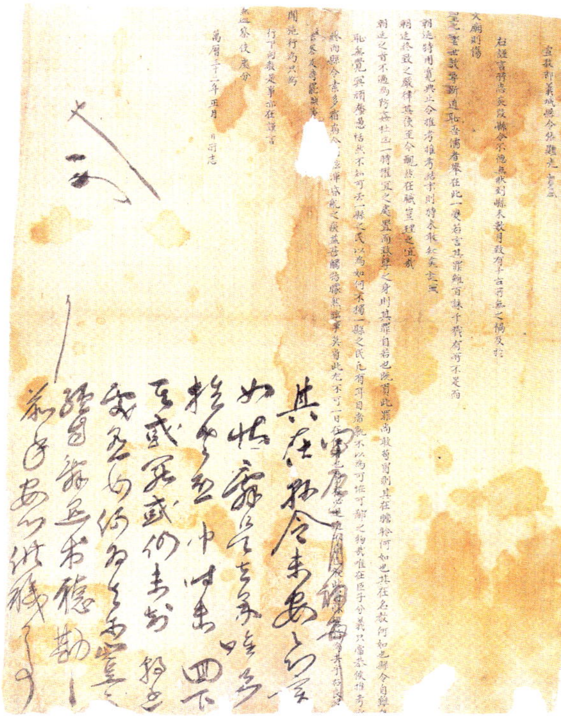

여헌이 재직하고 있던 의성현령직의 사직을 요청하는 내용이 담긴 고문서
(제공: 한국학중앙연구원)

하여 벼슬을 사임하는 것은 요즈음 회사원이 '일신상의 이유'로 사표를 내는 것과도 같은 상투적인 표현에 불과한 경우가 거의 대부분이기 때문이다. 그렇다면 여헌이 벼슬을 사양한 진짜 이유는 무엇일까? 이러한 의문과 딱 맞닥뜨릴 때, 우리는 여헌이 18

세 때 이미 성인이 되는 것을 확고부동한 인생의 목표로 정립했던 일과 함께, 생애의 후반기에 쓰인 다음 글을 떠올리게 된다.

> 천지 사이에 사나이로 태어났으면 마땅히 우주간宇宙間의 사업을 자신의 임무로 삼아야 할 것이다. 그러므로 신변身邊에서 일어나는 눈앞의 일에 급급하지 말아야 하고, 또 하루나 일 년이나 한 세대世代의 일에 구애되지도 말아야 한다. 아! 천지 사이에 사나이 된 자가 또한 몇 사람이나 되겠는가. 그리고 그런 사람이 되어 이와 같은 이치를 살펴볼 수 있는 자가 또한 몇 사람이나 되겠는가.[13]

이 글에서 말하는 '우주간의 사업'은 그가 18세 때 언급한 '온 천하에서 제일가는 사업'과 다를 바가 없다. 그리고 이러한 사업을 완수하는 사람이 바로 '온 천하에서 제일가는 사람'이니, 그가 바로 성인이다. 그러므로 이 넓은 천지간에 사나이로 태어나서 해야 할 일은 공자와 같은 성인이 되어 영원이란 시간 속에다 우주적 차원의 위대한 사업을 펼치는 일이다. 이와 같은 사업에 비하면 일시적인 벼슬살이 따위는 '신변에서 일어나는 눈앞의 일'에 불과하며, 이 점은 다음 글을 통해서도 확인할 수 있다.

> 사람들은 다만 일시적인 지위가 지위라는 것만을 알고 영원한

지위가 위대한 지위임을 알지 못하며, 일시적인 지위가 영광스럽다는 것만 알고 영원한 지위가 지극히 영광스러운 것임을 알지 못한다. 가시적可視的인 지위가 있는 지위는 그 높이를 측량할 수 있고 그 크기에 한계가 있으나, 가시적인 지위가 없는 지위는 그 높이를 측량할 수도 없고 그 크기에도 한계가 없다. 그러니 이것이야말로 어찌 우주 사이에 그 끝도 없고 더 클 수도 없는 지위가 아니겠는가. 오직 우리 공자님께서 마침내 이 지위를 차지하셨으니, 어찌 지위를 얻지 못했다고 말할 수 있겠는가.…… 높이를 가늠할 수조차 없는 높이가 공자님의 높이이며, 부유함을 가늠할 수도 없는 부유함이 공자님의 부유함이며, 귀함을 가늠할 수도 없는 귀함이 공자님의 귀함이다. 그러므로 가시적인 지위가 없는 공자님의 지위야말로 그 부유함이 지극히 부유하고 그 귀함이 지극히 귀하고 그 높음이 지극히 높은 것이다. 영원토록 높임을 받는 것이 어찌 한때에 높임을 받는 것과 같겠으며, 영원토록 영광스럽게 여겨짐이 어찌 한때에 영광스럽게 여겨짐과 같겠는가.[14]

아! 물건 가운데 사람보다 더 큰 것은 없고 사람 가운데 성인보다 더 위대한 사람은 없다. 그러나 성인도 또한 사람이고, 나도 또한 사람이다.[15]

인용한 글 가운데 위의 것은 공자가 천자의 지위와 같은 큰 지위를 얻지 못했다고 여기는 사람들의 생각을 참으로 엄숙하고도 숙연하게 반박한 것이다. 보다시피 여헌의 말에 의하면 천자의 지위는 일시적인 지위에 불과하다. 공자가 그와 같은 일시적인 지위를 얻지 못한 것은 사실이지만 그 대신에 영원한 지위를 얻었다. 일시적인 지위는 한계가 있는 지위이지만 영원한 지위는 그 한계를 초월한 지위이다. 그러므로 영원한 지위를 얻고 지금도 엄연히 살아남아서 엄청난 영향을 끼치고 있는 공자의 지위는 천자의 지위 같은 일시적인 지위와는 비교할 수도 없을 정도로 위대하고도 숭고한 지위다. 여헌이 천하에서 제일가는 인물이 되어 우주간의 사업을 이룩하겠다는 꿈을 꾼 것은 공자가 얻었던 이 숭고하고도 더할 나위 없이 위대한 지위를 바로 자신의 지위로 삼겠다고 다짐한 것과 다를 바 없다. '사람 가운데 성인보다 더 위대한 사람은 없지만, 성인도 사람이고 나도 사람' 이므로 부단히 노력하면 얼마든지 성인이 될 수 있는 것이다.

이처럼 원대한 꿈을 꾸고 있는 여헌에게 주어지는 조정의 각종 벼슬들, 그것이 종9품 참봉이든 정2품 우참찬이든 얼마나 시시하게 느껴졌을까. 그에게 정말 중요한 것은 공자가 얻었던 영원한 지위를 얻는 일이었고, 그와 같은 지위를 얻기 위해서는 도道를 체득하는 일이 무엇보다도 시급한 일이었다. 그러므로 여헌은 도를 체득하기 위한 학문에 대한 열정, 학문을 통해 성인의

教旨
贈大匡輔國崇祿大夫議政府領
議政兼領經筵弘文館藝文館春
秋館觀象監事世子師行資憲大
夫議政府右參贊張顯光贈謚文
康公者
戊子十二月二十五日

여헌에게 문강이란 시호를 내린다는 내용이 적혀 있는 교지(제공: 한국학중앙연구원)

사업을 이룩하려는 정말 원대한 포부 때문에 하찮은 벼슬 따위에 연연할 시간이 없었다. 요컨대 그는 삶 전체를 온통 학문에다 바침으로써 우리나라 학술사에서 독특한 지위를 지닌 걸출한 학자가 될 수가 있었던 것이다.

♠ 여헌이 남긴 말들

하늘과 땅 집을 삼고 해와 달 창窓이 되며/ 높은 산들 평상이고 큰 강물들 술독일세./ 그 가운데 크게 취한 한 사나이가/ 깬 마음 쓰기 위해 큰 붓 잡노라. (「無題」)

보내 주신 신은 잘 받겠습니다. 다만 벗이 보내 준 신을 신고 단 한 걸음이라도 가서는 안 될 곳에 가게 된다면 좋은 벗을 크게 욕되게 하고 저버리는 것이니, 이런 일이 생기지 않도록 미리부터 마음에 다짐을 합니다. (「與鄭君燮」)

물건에는 만 가지가 있으나 그 가운데 가장 큰 것은 바다다. 물건 중에 가장 큰 바다를 천지가 감싸 안고 있으며, 그 천지가 만물을 감싸 안고 있다. 그런데 사람은 천지와 만물을 마음속에 감싸 안고 있으니, 바다가 크다 한들 어찌 사람보다 크겠는가. 다만 사람이 제 스스로 작아질 뿐이다. (「海說」)

아! 물이다, 물이다. 하지만 같은 물이라도 그 크고 작고 깊고 얕음이 십 배, 백 배, 천 배, 만 배도 넘는 차이가 난다. 내가 평소에 본 물로 말하면, 웅덩이 물 가운데서는 작은 것은 우물이고 큰 것은 못일 뿐이며, 흐르는 물 가운데서는 작은 것은 시냇물이고 큰 것은 강물뿐이었다. 그러므로 나는 웅덩이 물 가운데서는 연못보다 큰 것이 없고, 흐르는 물 가운데서는 강물보다 큰 것이 없다고 여겼다. 이제 바다를 보니 연못과 강물이 모두 다시는 내 눈에 큰 물이 될 수 없다. 똑같은 물인데도 도저히 서로 비교할 수 없다. 그러나 이 바다가 이토록 크고 깊은 까닭을 연구해 보면 작은 물줄기도 버리지 않고 모으고 또 모았기 때문이다. 그러므로 만약 그 근원을 따져 본다면 바닷물은 바로 강물과 시냇물이다. (「觀海說」)

2. 여헌의 후손에 이런 분이 있었다

여헌의 후손 가운데는 사회적으로 널리 알려진 저명한 인물들이 참 많았다. 여헌의 아들로 국왕에게 목숨을 건 간언을 서슴지 않아 강직한 인물로 명성을 떨쳤던 청천당聽天堂 장응일張應一(1599~1676), 역적의 누명을 뒤집어쓰고 풍비박산이 된 가문의 원한을 오랜 세월의 노심초사 끝에 기어이 풀었던 연미정戀美亭 장석규張錫圭(1800~1861), 한주寒洲 이진상李震相, 서산西山 김흥락金興洛과 이름을 나란히 한 조선조 말 영남의 빼어난 유학자 사미헌四未軒 장복추張福樞(1815~1900), 만언소萬言疏를 올려 당시의 폐단을 지적하였던 문헌공文憲公 유헌遊軒 장석룡張錫龍(1823~1907), 파리장서巴里長書를 초안한 독립운동가 회당晦堂 장석영張錫英(1851~1926), 을사조약

乙巳條約을 신랄하게 비판한 논설 「시일야방성대곡是日也放聲大哭」으로 유명한 위암韋菴 장지연張志淵(1864~1921), 대한민국의 국무총리를 역임하였던 정치가 창랑滄浪 장택상張澤相(1893~1969) 등이 바로 그 대표적인 인물들이다. 그러나 제한된 지면에서 이 모든 분을 다 소개하다가는 어느 한 분도 제대로 소개하기가 어려울 터이므로, 아쉽지만 여기서는 그 가운데서 독자들이 비교적 쉽게 접근할 수 있는 두 분만을 소개하기로 한다.

1) 푸른 하늘 밝은 해 – 청천당 장응일[16]

사형에 처하는 것이나 사약을 내리는 것이나 죽인다는 점에서는 아무런 차이도 없습니다. 아, 평범한 사람을 죽이는 데도 죄를 억지로 만들어 내서는 안 되는 것인데, 하물며 피붙이에게 어떻게 그럴 수가 있겠습니까. 저는 타고난 성품이 질박하고도 어리석어서 오로지 임금님을 사랑하는 것밖에 모르기 때문에 (姜嬪에게 사약을 내려서는 안 된다고) 날마다 옥신각신하며 아뢰었으나 허락을 받기는커녕, 오히려 '절개 있는 사람처럼 보이려고 하는 간사한 말'이라고 규정하시면서 노여움을 벌컥 내시고 말도 못 꺼내게 하셨습니다. 저는 제가 오늘 바른말을 하게 되면 내일 죽을지도 모른다는 것을 잘 알고 있습니다만, 임금님의 분부를 따르기 위하여 임금님을 악의 구렁텅이에 빠

트리는 일은 차마 할 수가 없습니다. 제발 위엄을 거두시고 (강빈에게) 사약을 내리라는 명령을 도로 거두어 주소서.[17]

1646년(인조 24) 2월 19일. 한 신하가 참으로 절통한 심정으로 인조仁祖에게 이렇게 모골이 다 송연해지는 충고를 하고 있었다. 그가 바로 여헌 장현광의 아들로 당시 사간원헌납司諫院獻納이란 직책에 있었던 청천당聽天堂 장응일張應一이었다. 그의 자는 경숙經叔, 시호諡號는 문목文穆, 청천당은 바로 그의 호이다.

장응일이 이처럼 목숨을 걸고 살리려고 하는 강빈은 도대체

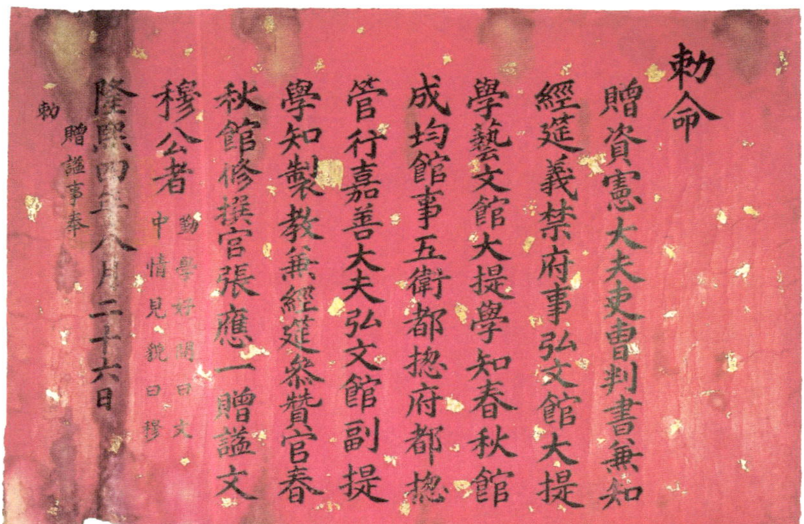
勅命
贈資憲大夫吏曹判書兼知
經筵義禁府事弘文館大提
學藝文館大提學知春秋館
成均館事五衛都摠府都摠
管行嘉善大夫弘文館副提
學知製教兼經筵參賛官春
秋館修撰官張應一贈謚文
穆公者 勤學好問曰文 中情見貌曰穆
隆熙四年八月二十六日
勅 贈謚事奉

청천당 장응일에게 문목이란 시호를 내린다는 내용이 적힌 교지(제공: 한국학중앙연구원)

누구이며, 그는 왜 임금이 내리는 사약을 마시는 운명에 처하게 되었을까? 이와 같은 궁금증을 풀기 위해서는 내키지 않더라도 병자호란의 치욕을 다시 한 번 되씹지 않을 수가 없다.

1636년(인조 14)에 청나라 태종太宗이 직접 대군을 거느리고 쳐들어오자 인조는 남한산성으로 피난을 했지만, 그 남한산성이 곧바로 청나라 군사들에 의하여 완전히 포위되고 말았다. 처절하게 저항하다가 옥쇄를 당하거나, 굴욕스럽지만 항복을 하는 두 가지 길 외에 다른 선택의 여지가 없었다. 양쪽을 대표하는 김상헌과 최명길 사이에 갑론을박에다 옥신각신이 더해진 격론이 거듭 벌어졌다.

1637년 1월 30일! 결국 항복을 결정한 인조는 한강 가의 나루터인 삼전도三田渡에서 무릎을 꿇고 잔인무도한 침략자인 태종에게 '천은天恩이 망극하다' 면서 3번이나 절을 하고 9번이나 머리를 조아렸다. 반만년 역사에서 일찍이 볼 수 없었던 정말 굴욕적인 항복이었다. 이 굴욕적인 항복으로 인하여 조선은 그동안 오랑캐로 멸시해 오던 청나라와 군신君臣관계를 맺는 치욕을 당했을 뿐만 아니라, 소현세자昭顯世子와 봉림대군鳳林大君 등 많은 사람이 볼모가 되어 심양 땅으로 붙잡혀 갔다. 소현세자의 부인 강씨姜氏도 이때 함께 볼모로 잡혀갔는데, 이 강씨가 바로 장응일이 목숨을 걸고 살리려고 했던 강빈姜嬪이었다.

소현세자는 무려 9년 동안이나 당시 청나라의 수도였던 심양 땅에서 혹독한 시련을 당하면서도 국제적인 안목을 넓혀 나갔다. 우선 그는 이미 중국에 들어와 있던 천주교 등 서구문화를 수용하는 데 대단히 적극적이었다. 게다가 명나라에 대한 대의명분을 부르짖으면서 청나라에 대한 설욕을 다짐하고 있던 국내의 분위기와는 달리, 소현세자는 떠오르는 태양인 청나라를 하나의 현실로 인정하고 조선과 청나라의 관계를 재정립하기 위해 노력했다. 청나라도 그러한 소현세자에 대하여 우호적인 태도를 취했음은 말할 것도 없다. 그러므로 청나라에 대한 적개심으로 불타던 집권 서인세력들은 그를 위험한 인물로 보기 시작했으며, 인조는 인조대로 그가 청나라의 지원을 받아 자신의 자리를 노리는 것으로 의심하기 시작했다. 인조의 사랑을 받던 후궁 조씨趙氏가 이들 사이의 이간을 부채질하기도 했다.

그러므로 소현세자가 오랜 볼모 끝에 벅찬 희망을 품고 조국으로 돌아왔을 때, 뜻밖에도 인조와 조정 신하들의 반응은 싸늘하기 짝이 없었다. 이와 같은 상황 속에서 전전긍긍하던 그는 귀국한 지 몇 달 만에 갑자기 사망하였는데, 그 사망의 배후에 인조가 도사리고 있다는 것을 의심하는 사람은 거의 없었다. 비극은 세자의 죽음으로 끝나지 않았다. 인조는 소현세자의 대를 이을 왕위 계승자로 이미 내정되어 있었던 소현세자의 맏아들을 갑자기 폐위하고 동생인 봉림대군을 세자로 책봉하였다. 뿐만 아니라 자신의 며느리인 강빈에게도 임금의 수라상에 독을 넣었다는 혐의를 뒤집어 씌워 사약을 내리도록 명령하였다. 결과적으로 이 사건으로 인하여 강빈은 죽임을 당하였다. 그러나 비극은 그 정도로도 끝나지 않았다. 요컨대 강빈의 어머니와 네 형제가 모두 죽임을 당했으며, 소현세자와 강빈 사이에 태어난 세 아들이 제주도로 귀양을 갔다가 그 가운데 둘이 곧 사망하는 의문스런 사건들이 줄을 지어 일어났던 것이다.

인조의 이와 같은 행위들이 대단히 패륜적悖倫的임은 말할 것도 없다. 뿐만 아니라 그것은 인목대비仁穆大妃를 폐하고 영창대군永昌大君을 죽였던 광해군의 패륜을 문제 삼아 반정反正을 일으키고 임금의 자리에 올랐던 과거 자신의 행위와도 자가당착의 모순이 아닐 수 없었다. 그럼에도 불구하고 조정의 신하들 가운데 이 자가당착의 모순을 지적하는 사람은 거의 없었다. 왜냐하면 이 문제를 논의하는 것 자체가 이미 이성을 완전히 잃고 물불을 가리지 않고 있는 국왕의 심기를 건드리는 일이었고, 따라서 정말 죽음을 각오하지 않고서는 도저히 할 수 없는 일이었기 때문이다. 그런데 지금 장응일은 바로 이와 같은 상황 속에서 개인적으로 아무런 이해관계도 없는 일에 목숨을 덜컥 걸고 있는 것이다. 국왕에 대한 장응일의 이와 같은 충고는 그날 한 번에 그치고 만 것도 아니었다. 그는 무려 9일 간에 걸쳐서 실로 불같은 충언을 올렸고, 그것이 끝끝내 받아들여지지 않자 다음과 같이 스스로를 탄핵했다.

> 신하는 어떤 경우에도 임금을 사랑하는 마음을 극진하게 쓰므로, 만약 임금에게 잘못이 있으면 비록 삶아 죽이는 솥이 눈앞에 있더라도 할 말을 숨김없이 다하는 법입니다. 더구나 저는 마침 바른말을 하는 것을 임무로 하고 있는 자리에 있으면서, 왕실의 지극히 난처한 변고를 만났습니다. 그러므로 지금 만약 우물쭈물하면서 해야 할 말을 하지 않는다면, 그것은 위로 임금님을 저버리고 아래로는 저의 마음을 속이는 것입니다. 그러므로 성심과 성의를 다하여 말씀드린 지 이미 열흘이 지났는데도 허가를 내리지 않고 엄한 분부만 여러 번 내리셨습니다. 심지어는 '간사한 의논'이라는 등의 말씀으로 이미 심하게 억누르셨는데도, 그칠 줄을 모르고 간하는 것은 어찌 다른 이유가 있겠습니까. 오로지 전하를 위해서입니다. 저는 말해야 할 책임을 다하지도 못한 채 죄를 지어 어긋남만 쌓고 있는데, 어찌 감히 모른 체하고 눌러앉아 있을 수 있겠습니까. 그러니 저의 자리를 다른 사람으로 바꾸어주소서.[18]

이와 같은 소신에 찬 발언으로 인하여 장응일은 당시에 청천백일靑天白日, 즉 푸른 하늘에서 찬란하게 빛나는 해 같은 분이라는 칭송을 한 몸에 받았다. 그러나 끝내 인조가 자신의 충언을 받아들이지 않자 벼슬을 헌신짝처럼 내던지고 고향으로 돌아가는 오연한 절조를 보여 주었으니, 이 한 가지 사건만으로도 그의 사람됨을 짐작하고도 남음이 있다. 더구나 청천당의 모골이 다 송연한 이와 같은 충언은 이 사건 한 번으로 끝난 것도 아니었다. 청천당은 1649년(효종 원년) 당시 최고 권력자인 영의정으로서 무소불위의 횡포를 자행하던 김자점金自點의 사치스럽고 방자한 태도를 거침없이 탄핵하여 급기야 귀양을 가게 만들었다. 1650년(효종 1)에는 사분오열이 되어 이전투구를 벌이고 있던 당파의 폐단을 막아 달라는 상소를 올렸다가 온갖 모함을 다 당하였다. 1673년(현종 13)에는 효종의 능인 영릉寧陵의 석물石物의 틈이 갈라져서 물이 새는 사건이 발생하자 끝까지 진상을 밝히려다가 모함을 당하여 황간으로 귀양을 가기도 했다. 오로지 소신에 찬 행동을 했던 청천당의 이와 같이 강직한 면모에 대해서 『조선왕조실록』에서도 이렇게 기록하고 있다.

> 장응일은 여헌 장현광 선생의 아들이다. 가정에서 가르침을 받아 사우士友들의 추대를 받았고 청현淸顯의 관직을 두루 역임했는데, 일을 만나면 거침없이 말을 하니 영남 사람들이 모두 여헌 선생이 아들을 잘 두었다고 하였다.[19]

이처럼 청천당은 조정에서는 소신에 찬 발언을 거침없이 퍼부어 대는 강직하기 짝이 없는 인물이었지만, 벼슬을 내던지고 고향으로 돌아오면 안빈낙도하는 선비였다. 만년에 그는 조상들

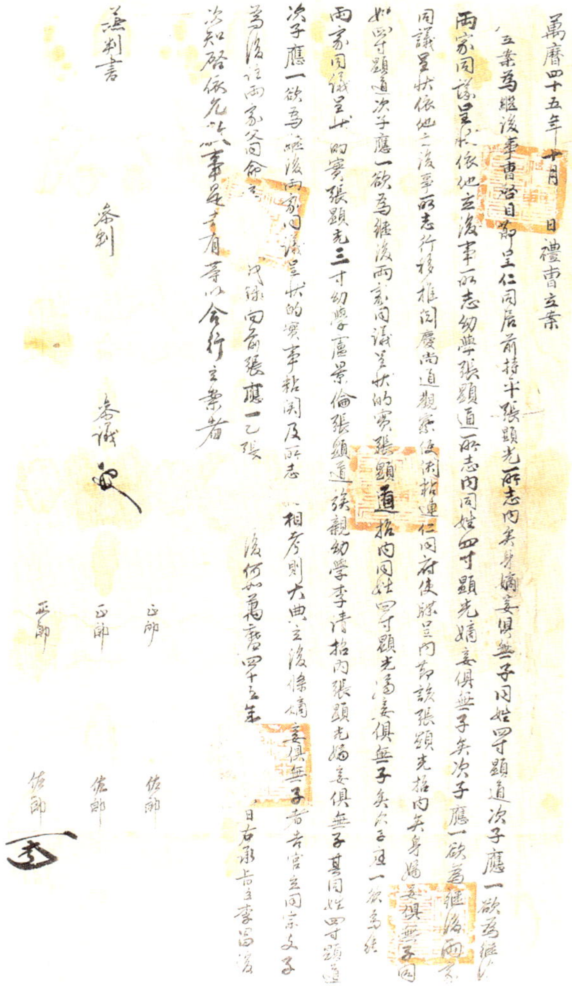

萬曆四十五年十月 日 禮曹立案

예조에서 발급한 입안. 청천당을 여헌의 양자로 인준한다는 내용이 적혀 있다.(제공: 한국학중앙연구원)

의 산소가 있었던 성주의 월곡月谷(지금의 성주군 월항면 유월리)에다 청천와聽天窩를 짓고 살면서, 청천聽天의 의미를 부연 설명한 「청천와」라는 시를 남겼다.

사람살이 모든 운명 하늘에 달렸으니　　不有人生命在天
이 세상 모든 일이 모두 다 천명일세　　窮通脩短孰非天
그 가운데 자족하며 내 분수에 편안하니　　箇中自足安吾分
만사를 지금처럼 하늘 뜻을 따르고자　　萬事如今只聽天

하늘이 하는 말씀에 순응하는 가운데서 안분지족安分知足을 추구하는 삶! 조선조 선비라면 누구나 꿈꾸는 삶이면서도 구체적인 삶의 현장에서 실천적으로 구현하기는 정말 어려웠던 삶, 청천당은 바로 그런 삶을 묵묵히 살아가다 조용히 생을 마감했던 것이다.

2) 아아, 하늘이여, 하늘, 하늘! – 연미정 장석규[20]

(1) 세상에 이런 일이?

1800년 8월 16일!

이날은 여헌 집안의 장구한 역사 속에서 가장 참담하고 어이

비극적인 사건의 현장인 천생산 낙수암. 벼랑 바로 밑에서 바라보면 이 바위가 하늘을 우러러 포효하는 사자의 모습을 닮았다고 하여 앙천仰天바위라 부르기도 한다. 임진왜란 때 곽재우 장군이 천생산성에서 의병활동을 하고 있었는데, 이 산성에 물이 부족함을 안 왜적들이 산성을 포위하자 장군이 이 바위 위에다 말을 세워 놓고 흰쌀을 부어 말을 씻는 흉내를 냈다고 한다. 그 덕분에 왜적들이 물러났으므로 이 바위를 미덕암米德巖 또는 미득암이라고 부르기도 한다.(제공: 손미숙)

없는 사건이 일어났던 정말 비극적인 날이었다. 그날 여헌의 7세손 장윤혁張胤爀의 아들 장시경張時景과 장시욱張時昱, 장시호張時皞 3형제는 정권 탈취를 위해 반란을 일으킨 역적으로 내몰리자 망연자실하여 아무런 대책도 없이 인근에 있는 천생산성으로 달아났다. 그러나 이들 3형제가 천길만길의 험한 벼랑뿐인 천생산 벼랑 가운데서도 맨 서쪽 벼랑인 낙수암落水巖에 도착했을 때, 더 이상 갈 곳은 아무 데도 없었다. 그들은 아마도 하늘을 우러러 울부

짖고, 땅을 치면서 통곡했을 것이다.

"아아, 하늘이여, 하늘, 하늘!"

그러나 하늘은 푸르기만 했고, 그들의 울부짖음만 천길만길의 벼랑에 몇 번이고 메아리칠 뿐이었다.

"아아, 하늘이여, 하늘, 하늘?"

이제 그들에게 남아 있는 것은 최후의 결단뿐이었다. 먼저 맏이인 장시경이 그 아찔한 벼랑 위에서 스스로 몸을 던져 실로 처연하게 삶을 마감하였다. 이어서 장시욱도 형의 뒤를 따라 벼랑 아래로 몸을 던져 참담하기 짝이 없는 최후를 마쳤다. 장시호도 역시 형들의 뒤를 따라 벼랑 아래로 비장하게 몸을 내던졌다. 다행인지 불행인지 그는 떨어져서 죽은 형들의 시신 위에 떨어지는 바람에 그날 죽지는 않았으나, 불과 한 달 뒤인 9월 28일 역적이란 누명을 뒤집어쓰고 형장의 이슬로 사라지고 말았다.

세상에서 흔히 '인동작변仁同作變'이라 부르고 있는 이 사건은 이들 3형제의 비극적인 죽음에서 그치지 않고 일파만파의 파장을 불러 일으켰다. 3형제의 부친인 장윤혁과 장윤혁의 큰형으로서 여헌의 7대 종손이었던 장윤종張胤宗, 3형제의 행동을 극구 만류했던 여러 명의 사촌들을 포함한 가까운 친척들이 모두 다 연좌되어 유배를 가거나 감옥에 갇혔다. 이 사건의 핵심적인 인물의 하나로서 달아나 종적을 알 수 없었던 장시경의 아들 장현경張玄慶을 제외한 3형제의 처자식들도 천지간에 뿔뿔이 흩어져서 앞앞이 한숨이고 구석구석 눈물인 유배길에 올랐다. 장씨 집안뿐만 아니라 사건에 연루된 노비 이영태도 처형을 당했고, 기타 가담한 하인들도 죄의 경중에 따라서 처벌을 받았다. 게다가 10월 7일에는 역적 장시호가 살았던 곳이라는 이유 하나로 인동부가 현으로 강등되는 난데없는 일이 벌어지기도 했다. 집안을 온통 풍비박산의 쑥대밭으로 만들어 버린 이 엄청난 사건의 구체적인 내막은 무엇일까? 국가의 공식 기록인 『조선왕조실록』에 수록된 여러 기록들을 종합해 보면 사건의 개요는 다음과 같다.

1800년 6월 28일, 멀쩡하던 정조가 49세의 그리 많지도 않은 나이로 느닷없이 세상을 떠나고 순조가 즉위하였다. 정조의 죽음이 자연사인지 독살인지에 대해서는 지금도 이견이 분분하다. 하지만 정조의 정치적 후원 세력인 남인南人들 사이에 이 갑작스런 죽음을 독살로 인식하는 분위기가 산발적으로 퍼지고 있었다. 불과 한 달 전인 5월에 원래 남인과 손을 잡고 있던 정조가 탕평책을 내세우면서 남인들을 등용하려는 의지를 공식적으로 표명한 바가 있기 때문에, 위기의식을 느낀 집권세력 노론老論 벽파僻派가 음식에 독약을 타서 정조를 독살했다는 것이다.

이와 같은 상황 속에서 경상감사 김이영으로부터 인동에 사는 장시경 등 3형제가 반란을 일으켰다는 보고가 들어왔다. 보고에 따르면, 이 3형제와 장시경의 아들 장현경이 유혹과 협박으로 갑자기 끌어 모은 61명의 노비를 거느리고 인동의 관아를 침범하였다. 그리하여 그들이 고을 원을 포박하고 무기와 군량을 탈취한 뒤에 선산과 상주를 함락시키고, 서울로 진격하여 집권 노론 세력을 일망타진한 뒤에 정권을 장악하려 했다는 것이었다. 그러나 거사 과정에서 여러 친척들의 거듭된 만류와 해산 종용 등으로 인하여 관아에 도착하기도 전에 많은 이탈자가 생겼고, 관군들이 엄중하게 문을 지키는 바람에 일을 도저히 이룰 수 없게 되자 주모자 3형제는 천생산으로 달아나서 낙수암 벼랑 아래 몸을 던졌고, 장현경은 달아나서 종적을 감춰 버렸다는 것이다.

『실록』에 수록되어 있는 이와 같은 내용이 사실이라면 장씨 3형제는 분명 역적이지만, 그것이 과연 사실인지는 여러모로 의문이 아닐 수 없다. 왜냐하면 같은 사건에 대해 『실록』의 기록과는 시각을 완전히 달리하는 다산 정약용의 기록 등 다수의 기록이 남아 있기 때문이다. 마침 김성우가 인동장씨 본가에서 전해지는 가장家狀에 근거하여 사건의 개요를 재구성한 바가 있으므로, 우선 그것을 살펴보기로 한다.

> 정조의 인산因山이 있기 한참 전에 인동부사 이갑회李甲會는 아비의 생일연을 위하여 소를 도축하는가 하면, 지역 유지를 초청하게 되었다. 정조의 갑작스런 죽음을 슬퍼하고 있던 장윤혁은 이와 같은 행동에 분개, 초청을 단호하게 거절하였다. 게다가 장윤혁이 그 아비가 보내 준 주육마저 거절하자 이갑

회는 그에 대한 사감을 키워 나갔다. 이 무렵 장윤혁으로부터 미움을 받고 있던 인동의 아전 박성득이 이갑회와 공모하여, 추석 당일 그의 후원으로 소머리를 던져 놓았다. 이후 군졸들을 동원하여 소머리를 찾아낸 다음, 인산 전에 관가의 허가 없이 소를 도축했다는 혐의를 씌우고 가노 영태를 구금하기에 이르렀다.

이에 사건이 확대되는 것을 우려한 장윤혁의 장남 장시경이 관아에 가서 거세게 항의하던 중 도리어 구속되는 사태가 벌어졌다. 그리하여 동생 장시욱, 장시호와 아들 현경, 그리고 가노들이 관아로 몰려들었으며 이 과정에서 군졸들과 실랑이가 벌어졌다. 사건이 이처럼 커지자 이갑회는 장시경과 그 형제들이 관아를 침범하여 고을 원을 구금하고 서울로 진격, 집권 노론세력을 척살하려한다는 소문을 유포시키면서 군졸들을 풀어 장시경 형제를 체포케 했다. 상황이 걷잡을 수 없이 악화되자 장시경 형제들은 천생산으로 도망치게 되었고, 급기야 낙수암에서 몸을 던지는 참담한 결과를 낳고야 말았다.

사건 발생 직후 이갑회는 경상감사 김이영에게 사실을 은폐하여 보고 했으며, 김이영 또한 즉시 이 사건을 중앙에 보고하게 됨에 따라 이 무렵 최대의 모반사건으로 기록되기에 이르렀다. 정순왕후의 수렴청정 이후 최대 적대 세력인 영남의 남인들을 제거하고자 구상 중이던 집권 노론 벽파 측에서는 호재를 얻은 셈이었다. 그리하여 이들은 이 사건을 계기로 영남 인사들에 대해 대대적인 공세를 취하게 되었으며, 영남을 중심으로 유포되고 있던 '정조 독살설'에 재갈을 물릴 수 있었다.

이와 같이 간명하게 정리된 사건의 개요가 모두 옳은지는 알 수 없다. 왜냐하면 가장家狀이라는 글의 성격에서 짐작할 수 있듯이 이 글은 어디까지나 장씨 집안의 입장에서 서술된 기록인 데다가, 이 사건을 기록한 다른 문헌들과 사건의 내용이 다소 다르거나 그 전개 과정이 다르게 서술되어 있기도 하기 때문이다. 예컨대 위에 제시된 개요에는 사건의 발단이 된 인물이 장윤혁으로 되어 있으나 다산 정약용의 기록에는 장시경으로 되어 있고, 방산 허훈의 기록에는 장시호로 되어 있어 갈피를 잡기가 어렵지만, 여러 가지 정황으로 보아 아마 장시호가 옳을 것 같다.

그러나 중요한 것은 이와 같은 세부적인 차이에도 불구하고 전체적인 사건의 흐름과 사건을 바라보는 기본적인 시각이 모두 같다는 점이다. 요컨대 이 사건은 결코 정권욕을 가진 장씨 형제들이 정권 탈취를 위하여 계획적으로 일으킨 모반사건이 아니라, 국상 도중에 아버지의 호화판 생일잔치를 벌이는 불법을 저지른 인동부사 이갑회가 남산파 선비들의 준엄한 비판을 받고 위기의식을 느낀 나머지 조작해 낸 사건에 불과하다는 것이다. 아울러 기록의 저류에는 정치적 적대 세력인 남인을 타도할 기회를 호시

탐탐 노리고 있었던 당시 집권 노론세력들이 이 사건을 정치적으로 이용하는 바람에 사건이 크게 침소봉대되었다는 인식이 은연중에 깔려 있기도 하다.

만약 그렇다면 역모사건이라는 정부의 공식 기록과 위에서 언급한 민간의 기록들 가운데 어느 것이 역사적 사실일까? 바로 지금 일어나고 있는 사건의 내막도 밝히기가 쉽지 않은 마당에, 수백 년 전에 있었던 사건의 진실을 정확하게 파악하기는 물론 어렵다. 하지만 다음과 같은 측면에서 이 사건은 국가의 공식적인 기록보다도 민간 기록들이 진실에 훨씬 더 가까울 것이다. 무엇보다 먼저 지적하고 싶은 것은 공식 기록인 『실록』에서 언급된 역모사건의 전모가 너무나도 엉성하다는 점이다. 우선 장씨 3형제는 모두 여헌의 후손으로 태어난 명망 있는 집안의 재야 선비들이다. 그런 그들이 집안 간의 의견 조율조차 없이, 그러니까 겨우 세 사람이 합의하여 목숨을 걸고 반란을 일으키는 무모한 짓을 저질렀다고 보기는 어렵다. 더구나 서울로 진격하여 정권 탈취를 목적으로 하면서, 고작 61명의 훈련도 되지 않은 오합지졸을 당근과 채찍으로 급히 불러 모아 즉흥적으로 반란을 일으켰다고는 도저히 생각하기 어려운 것이다.

(2) 아무도 살아서는 돌아오지 못하다

온 집안이 쑥대밭이 되어 버린 가운데, 사건의 주역의 한 사람으로 처형을 당했던 장시호의 어린 아들과 딸들은 낱낱이 흩어져서 유배되었다. 부인 분성배씨盆城裵氏도 이때 투옥되었다. 배씨는 온갖 수모와 치욕을 당하느니 차라리 죽는 것이 낫겠다고 생각했다. 하지만 어린 자식들 때문에, 그리고 자식들을 키워야 가문의 원한을 풀 수 있다는 생각 때문에 도저히 죽을 수가 없었다. 사건 당시 31세의 젊은 나이로 임신 중이었던 배씨는 1800년(순조 즉위년) 9월 6일 감옥에서 사내아이 하나를 낳았는데, 그가 바로 장시호의 둘째 아들인 연미정戀美亭 장석규張錫奎(1800~1861)다.

장석규가 태어난 지 한 달이 채 되지 않았을 때, 정순왕후의 특명에 의하여 뿔뿔이 흩어졌던 배씨와 그의 자녀들은 전남 강진의 신지도薪智島(지금의 완도군 신지면)로 함께 유배를 떠났다. 배씨는 2남 2녀의 어린것들, 손윗동서, 질녀 등 모두 7명의 가족들과 함께 의지할 데라고는 아무 데도 없는 그 아득하고 머나먼 섬으로 상복을 입은 채 끌려갔다. 그는 쑥대머리를 바람에 나부끼면서 바느질을 하거나 구걸을 하여 아들딸들을 먹여 살렸다. 특히 배씨는 재앙 속에 태어난 핏덩어리 아들 장석규가 하도 가련하여 그 이름마저도 가련可憐이라고 불렀다고 하니, 그들의 삶은 정말 가련하기 짝이 없는 것이었다. 배씨는 수시로 가련이가 가련하여 가련이의 등을 어루만지며 온 집안이 무고하게 화를 당했던 사실을 낱낱이 알리고 원한을 풀어 달라고 당부하는 것을 잊지 않았다.

이와 같은 상황 속에서 엄청난 비극이 또다시 다가왔다. 유배생활이 어느덧 9년째로 접어들었던 1808년 5월 3일 밤이었다. 17살 난 배씨의 큰딸을 탐낸 진영鎭營의 권리權吏들이 갑자기 배씨의 집에 들이닥쳤다. 엉겁결에 허둥지둥 바닷가로 달려 나간 딸이 바다에 몸을 던지려고 하자 배씨는 딸의 목을 껴안고 울부짖었다.

"내가 지금까지 구차하게 목숨을 이어온 것은 너희들이 있기 때문이었다. 재앙이 아직도 끝나지 않아 또다시 이렇게 차마 말로 할 수 없는 욕을 당했다. 내가 이 지경을 당하여 어찌 너만 홀로 죽게 하겠느냐."

배씨는 하늘을 향하여 부르짖었다.

"아아, 하늘이여, 하늘이여, 하늘?"

말을 마친 배씨가 먼저 바닷물에 몸을 던지자, 배씨의 딸도 어머니의 뒤를 이어 몸을 던졌다. 삼일 뒤에 모녀의 시신이 서로 부둥켜안은 채로 바닷물에 떠올랐다. 실로 억울하기 짝이 없는 엄청난 사건이 벌어졌음에도 불구하고 이 사건은 뇌물을 받아먹은 관리들에 의하여 유야무야로 덮이고 말았다.

당시 겨우 아홉 살의 어린아이였던 장석규는 자신이 아니면 이토록 원통한 집안의 한을 설욕할 길이 없다고 생각하고 이를 깨물고 살아남았다. 그는 오로지 한을 풀기 위해서 글을 배우고 한을 풀기 위하여 재물을 모았다. 힘써 품팔이해 돈을 버는 여가에 마을 사람들을 따라 배우려고 했으나, 죄수라는 이유로 배우는 것조차도 허락되지 않았다. 그러나 그는 문 밖에 서서 다른 아이들이 배우는 소리를 엿듣고서 배우기도 하고, 길 가는 사람에게 물어서 배우기도 하여 마침내 경전과 역사에 통달하였다.

아버지의 얼굴조차 보지 못한 것을 한으로 여겨 뒤늦게 삼년 동안 상복을 입는 각별한 효성을 보이기도 했다. 원한을 풀어야 한다는 생각으로 자리에 눕지도 않았고, 비바람 눈보라를 막론하고 매일 밤마다 산속에 들어가서 목욕을 하고 원한을 풀게 해 달라고 하늘을 향해 빌기도 했다. 일절 고기도 먹지 않으면서 재물을 모아 두었다가, 귀양 온 고위 관직자들에게 아낌없이 쏟아부으면서 눈물로 원통함을 하소연했다.

죄인의 몸이라서 함부로 섬을 벗어날 수 없었던 그는 아들 장기원張琪遠(1839~1919)이 15세가 되자 그를 서울로 보내 원한을 풀기 위한 본격적인 활동을 시작하였다. 장기원은 아버지가 섬에서 사귀어 둔 관리들의 도움을 받아 가며, 여러 번에 걸쳐 임금의 거둥길에 엎드려서 억울함을 호소하였다. 그가 무려 8년 동안이나 줄기차게 활동을 벌이자, 그를 가련하게 여긴 임금의 장인 김문근金汶根이 임금에게 아뢰기에 이르렀다. 그리하여 마침내

1861년 2월 전 가족이 모두 복권됨으로써 오랜 원한은 죄다 풀렸고, 이제 고향으로 돌아갈 수 있게 되었다. 그러나 그와 동시에 앓고 있던 병이 심해져서 장석규는 결국 고향으로 돌아가지 못하고 1861년 3월 11일 유배지에서 최후를 마쳤다.

"원한을 푸는 날이 오면, 바로 그날 마음과 힘이 모두 고갈되어 죽을 것이다."

평소에 그가 말해 온 대로 가문의 원한을 모두 풀자, 그는 그렇게 기진맥진하여 스르르 무너져 버렸던 것이다.

첨언하자면, 장석규와 함께 신지도에 유배를 갔던 7명의 가족 가운데 살아서 그 섬을 벗어난 사람은 아무도 없었다는 사실이다. 어머니 배씨와 누나가 바다에 투신자살을 했다는 것은 앞에서 이미 말한 바 있거니와, 형님도 둘째 누나도, 숙모도 사촌 누나도 모두 그보다 앞서 이 섬에서 세상을 떠났고, 그마저도 결국 아득한 유배지의 파도 소리 속에서 숨을 거두고 말았으니까.

연미정 장석규는 그해 10월 28일 아들이 끌고 아내가 미는 수레에 누워 몽매에도 그리던 고향 땅으로 돌아와서 묻혔다. 그러나 고향으로 돌아가는 수레에 그 혼자만 타고 있었던 것은 아니었다. 신지도에 묻혀 있던 어머니 배씨와 누나의 유골이 함께 타고 있었고, 죽어서도 돌아가지 못했던 형님과 누나, 숙모와 사촌 누나의 영혼들도 다 함께 타고 있었을 테니까. 무려 7명이나 타고 있었으므로 수레를 밀고 끌며 바다를 건너고 산을 넘어갔을

조선 후기의 대표적 귀양지 가운데 하나였던 신지도 부근. 다산 정약용의 형 정약전, 무려 450여 수의 시조를 남겨 조선시대 시인 가운데 가장 많은 시조 작품을 남긴 시조 시인 이세보, 종두법을 개발한 지석영 등이 신지도에서 유배를 살았으며, 추사 김정희와 동시대의 빼어난 서예가였던 원교 이광사는 이곳에서 유배를 살다가 생을 마감하였다. 신지도와 가까운 곳에 있는 다산초당에서 유배살이를 하고 있던 정약용은 인동작변과 모녀투신자살사건의 자세한 전말을 기록한 「기고금도장씨여자사紀古今島張氏女子事」와 「염우부鹽雨賦」를 남겼다. 「염우부」는 죽은 모녀의 원혼이 해마다 불러일으키는 엄청난 바람 재앙을 소재로 한 작품이다.

장석규의 아내 차씨車氏와 아들 장기원은 아마도 몹시 힘이 들었으리라. 아아, 하늘이여, 하늘, 하늘!

3. 가난했던 집에서 참 많이도 남긴 유품[21]

영남의 명가였던 여헌종가에서는 모두 3000점이 훨씬 넘는 방대한 분량의 고서와 고문서, 책판과 유물 등을 소장하고 있었다. 2009년 작고한 종손 장철수는 대학에서 동양철학을 공부했고 서예에도 일가를 이루는 등 한문문화의 전반에 대한 조예가 매우 깊었던 분이었고, 따라서 이들 자료가 지닌 가치를 어느 누구보다 잘 알고 있었다. 그러므로 그는 고문서를 유형별로 정리하여 목록을 작성하는 한편, 상당수의 고문서에 대해서는 간략한 내용을 기록한 별지까지 부착해 두고 있었다.

게다가 장철수는 이토록 소중한 자료들이 학술적으로 활용되지 못하고 종가에 꽁꽁 숨어 있어서는 절대로 안 된다는 문화적 자각을 확실히 가진 분이기도 했다. 아무리 그것이 보물이라 하더라도 철제 상자 속에 꽁꽁 잠긴 채 안방 장롱 속에 들어 있다면 그것이 도대체 무슨 의미가 있을 것인가. 그는 문중의 의견을 모은 뒤에 수백 년 동안 종가에서 소중하게 보관해 오던 이 방대한 자료를 가장 적절한 국가 기관에다 기탁하기로 결단을 내렸다.

그리하여 마침내 종가의 고서 821책, 고문서 1561점, 책자르된 고문서 18점, 유물 16점 등 모두 2416점을 한국학중앙연구원에 기탁하였고, 『여헌선생문집旅軒先生文集』 책판 등 모두 1080점을 한국국학진흥원에 기탁하였다. 물론 가정에 소장되어 있는 소중한 유품들을 어떻게 보관, 정리하고 활용하는 것이 바람직한지를 유감없이 보여 준 대단히 모범적인 사례다. 하지만 전통이 있는 종가를 탐방하다 보면 더러 만날 수 있는 유물기념관을 세우기가 어렵게 되었다는 것은 아무래도 다소 섭섭한 일이 아닐 수가 없었을 것이다. 그러니 이와 같은 결단을 내리기까지 종손과 문중 사람들이 겪었을 고뇌는 짐작이 되고도 남음이 있다.

여헌종가가 한국국학진흥원에 기탁한 것은 『여헌선생문집』 315판, 『여헌선생속집旅軒先生續集』 199판, 『성리설性理說』 190판, 『역학도설易學圖說』 317판, 『청천당선생문집』 44판, 『한강선생언행록류변파록寒岡先生言行錄謬辨破錄』 8판 등 모두 1073판의 책판과 모원당, 청천당, 영모재永慕齋, 여재문如在門, 무자기無自欺 등 5점의 현판, 모원당기, 영모재상량문 등 서판書板 2점이다. 보다시피 거의 대부분이 책판인데, 이들 책판을 한국국학진흥원에 기탁하게 된 것은 이 기관이 벌이고 있는 '목판 10만 판 수집 운동'과 무관하지 않다. 한국국학진흥원에서는 개인이나 문중, 서원 등에 분산되어 보관됨으로써 도난 또는 훼손에 무방비 상태로 노출되어 있는 목판들을 한데 모아서 보다 효과적으로 보존하고, 나아가서는 이들을 세계기록유산으로 등재하기 위하여 목판 10만 판 수집 운동을 벌이고 있다. 말하자면 여헌종가에서도 이와 같은 운동에 적극 참여한다는 뜻에서 책판은 물론이고 건물에 붙어 있었던 현판과 서판까지 죄다 기탁을 했던 것이다.

한편, 한국학중앙연구원에 기탁된 여헌종가의 고문서들은 임금의 분부를 전달하는 유지有旨, 벼슬 임명장인 고신告身, 녹봉 지급 증명서인 녹패祿牌, 청원서에 해당하는 소지所志, 호적戶籍, 혼인 관련 문서인 혼서婚書, 편지글인 간찰簡札, 시문詩文, 과거시험 답안지인 시권試券, 제문祭文 등이 압도적 다수를 차지하고 있다. 공문서公文書의 성격을 지니고 있거나 실용성을 강하게 띠고 있는 것들이 거의 대부분을 차지하고 있으므로 살펴보기에 다소 단조롭지만, 이들 자료들은 여러 가지 측면에서 소중한 의의를 지니고 있다. 그 가운데는 기존의 자료를 보완해 주는 것도 있고, 크든 작든 지금까지 전혀 알려지지 않았던 새로운 사실을 알려 주는 것도 대단히 많다. 거의 모두가 다른 데서는 찾아볼 수 없는 유일한 자료들이라는 점에서도 크게 주목됨은 물론이다.

여헌종가의 고문서 가운데 중요한 것은 한국학중앙연구원의 고문서집성 시리즈 79번으로 간행되어 있으며, 이 책에는 이들 고문서에 대한 김학수의 개괄적인 설명이 첨부되어 있다. 극히 제한된 지면에 이 고문서들을 낱낱이 소개하다가는 하나도 제대로 소개하지 못할 터이므로 고문서에 대한 전반적 설명은 그쪽으로 미루고, 여기서는 다만 대중적인 관심을 끌 만한 두어 가지를 소개하는 데서 그치고자 한다.

여헌이 별세를 했을 때나 소상 및 대상 때 문인이나 친지 등이 올린 250여 통의 제문들은 당시 사회에서 여헌이 차지하는 위상을 이해하는 데 더할 나위 없이 소중한 자료다. 그 가운데서도 1637년(인조 15) 여헌이 별세했을 때 인조가 여헌에게 내린 제문이 우선적으로 주목된다. 『동계집桐溪集』에 수록되어 있으므로 동계 정온鄭蘊이 인조를 대신하여 지은 것으로 판단되는 이 제문에서 인조는 '거대한 천지와 심오한 성명의 이치를 연구 궁리하여 온몸으로 이해하고 환하게 깨달았던' 위대한 인물로 여헌을 극찬하고 있다. 여헌이 별세한 지 거의 150년이 지난 1785년(정조 9) 정조가 여헌에게 내린 제문도 역시 우리의 눈길을 끈다. 예조좌랑禮曹佐郎 류정柳畊을 보내어 여헌의 영전에 내린 이 제문에서 정조는 '드높은 이름이 우뚝하여 영원토록 우러르게 한다' 면서 추모하는 마음을 곡진하게 드러낸 바 있다. 이 제문들의 내용은 여느 제문과 큰 차이가 없지만 한 나라의 최고 통치자인 국왕이 내린 제문이란 점에서 각별한 의미를 지닌다고 볼 수 있으며, 후손으로서는 국왕의 제문을 받았다는 사실 자체가 더할 나위 없이 영광된 일이었을 것이다.

다음으로 소개하고 싶은 것은 대중적으로도 제법 알려져 있는 여헌의 영정이다. 여헌의 영정은 1633년 이웃 고을 선산의 원으로 부임한 제자 학사鶴沙 김응조金應祖가 화가를 불러 초상화를 그린 것이 처음이며, 당시 여헌의 나이는 80세였다. 이때 처음 그려진 이 영정은 여헌이 만년을 보내다 별세를 한 입암에 보관되어 있었다고 생각된다. 왜냐하면 여헌이 별세한 뒤인 1641년 4월 장응일, 박황朴愰, 장학張嶨 등이 화가 유명길과 함께 입암으로 들어가서 여헌의 초상화를 모사해 온 기록이 『임고서원지臨皐書院誌』에 남아 있기 때문이다.

이때 모사한 것이 모두 몇 본인지 정확하게 알 수 없으나 최소한 두 본 이상이 아닐까 싶다. 이렇게 말할 수 있는 근거는 "1642년에 제자 김응조가 그린 영정을 원당元堂과 부지암不知巖, 입암에 나누어 봉안하였다"는 기록이 있기 때문이다. 물론 이 기록을 액면 그대로 받아들이면 김응조가 애초에 3본을 그린 것으로 이해할 수도 있겠지만, 전후의 정황으로 보아 입암에 가 있던 최초의 영정을 다시 모사하여 세 곳에다 나누어 봉안했다고 보는 것이 자연스러울 것 같다. 여헌의 초상화는 그 이후에도 여러 번

모사된 것으로 보이므로, 여헌종가에서 소장하고 있던 초상화가 어느 본인지는 확실하지 않다. 초상화 속의 여헌은 80세의 고령에도 불구하고 화기와 덕성이 넘쳐흐르는 풍후한 모습으로 당당하고도 의젓하게 앉아 있어서, 그가 남긴 글이 풍기는 전반적 이미지에 부응하는 모습을 보여 주고 있다.

여헌종가의 고문서 가운데 가장 소개하고 싶은 것, 나아가서 좀 자세하게 소개하고 싶은 것은 『여헌선생수찰旅軒先生手札』이란 제목이 붙어 있는 서간집이다. 이 서간집은 여헌이 영천 입암의 벗인 동봉東峯 권극립權克立에게 보낸 편지 28통, 권극립의 소상 때 지은 제문 1통, 권극립의 아들 성재省齋 권봉權崶에게 보내는 편지 13통, 입암의 여러 제자에게 보내는 편지 10통 등 모두 51편의 짤막한 편지와 1편의 제문으로 이루어져 있다. 그러니까 이 책에 수록된 편지들은 모두 여헌이 입암을 떠나 있을 때 권극립 등 입암에 있던 사람들에게 보낸 것이며, 이 편지를 스백 년 동안 간직해 온 사람도 권극립의 후손들이었다. 그 후손들이 근년에 이 소중한 편지를 다시 여헌종가에 기증한 것도 세상에서 정말 보기 드문 아름다운 이야기가 아닐 수 없다.

뒤에서 자세히 언급하겠지만, 여헌의 편지를 28통이나 받은 권극립은 여헌과 함께 입암에서 생활한 영양사우永陽四友, 곧 '영천의 네 벗' 가운데 한 사람이었다. 영천의 네 벗 가운데 세 벗은 벗이라는 호칭을 달았음에도 불구하고 사실상 여헌의 제자였고,

진정한 의미의 '벗' 은 권극립 한 사람뿐이었다. 여헌은 권극립에게 보낸 이 편지들에서 개인이 처한 상황과 상대방에 대한 그리움을 각별하고도 진솔하게 서술하는 한편, 아름다운 입암의 산수를 함께하지 못하는 안타까움을 그 무슨 신음처럼 토로하였다.

> 입암 서재에 내리는 비로 인해 길을 떠날 수가 없었던 그날에는 날씨가 빨리 개지 않음을 한스럽게 여겼습니다. 하오나 떠나온 뒤에 암담한 상황을 만나서 터져 나오는 탄식을 금할 수 없게 되자, 그때 날씨가 너무 빨리 개어 길 떠나기를 재촉하는 바람에 하루이틀 더 마음을 터놓고 담소를 나누지 못한 것이 도리어 한스럽습니다. 바야흐로 지금은 바람이 화창하고 햇빛이 환한 시절이니, 입암의 정취가 갑절이나 더 아름다울 것입니다. 달을 쳐다보며 개울가에 임하는 저녁마다 벗의 마음이 저에게까지 미칠 수가 있을런지요. 다만 여름철에 멀리 있는 저를 찾아 주시겠다는 약속만큼은 조물주의 시기로 어긋나는 일이 없기를 기원할 뿐입니다. 마음으로 살펴 주시기 바라며 삼가 이 편지를 드립니다.

여헌이 1600년(선조 33) 2월 그믐에 권극립에게 보낸 편지의 전문이다. 보다시피 존경하는 벗과 입암 산수에 대한 그리움이 뒤범벅이 되어 있는 정말 가슴이 뭉클하도록 아름다운 편지다.

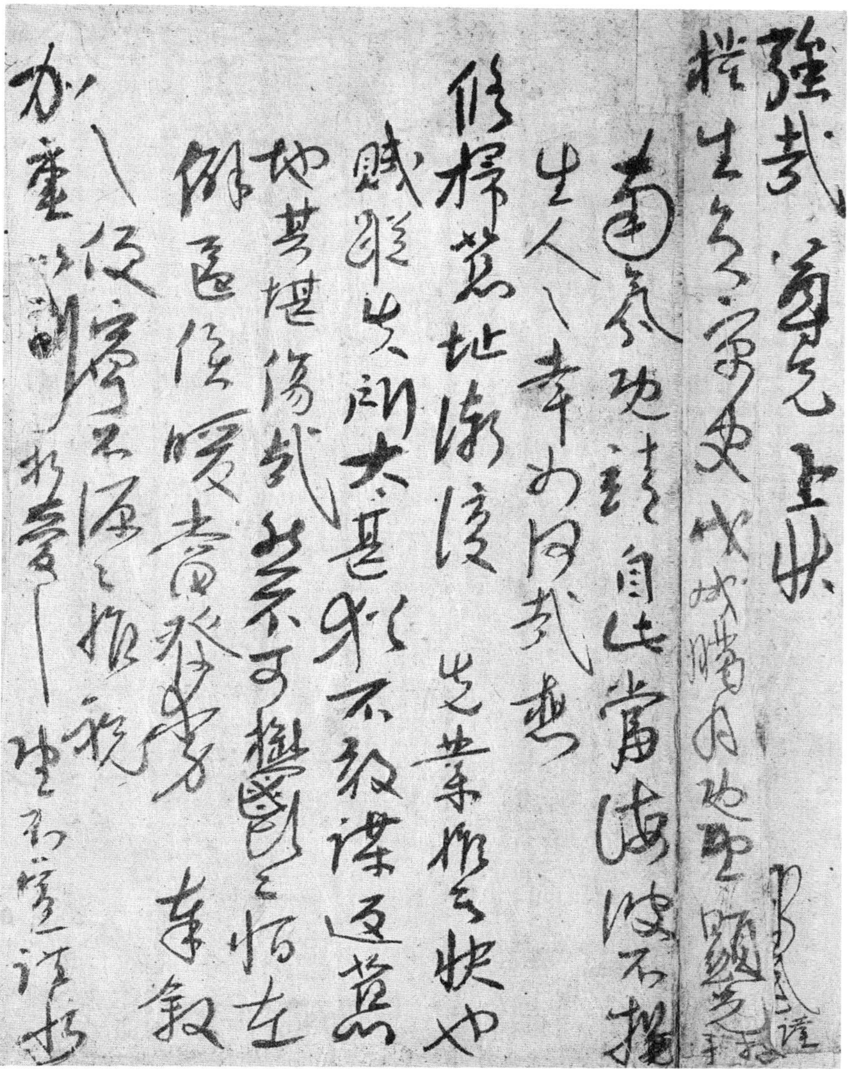

여헌이 권극립에게 보낸 친필 편지 가운데 한 통(제공: 한국학중앙연구원)

이런 편지를 단 1통만 받아도 오래도록 행복할 텐데, 무려 28통이나 받은 권극립은 그 하나만으로도 정말 행복한 분이었을 것이다. 아마도 여헌과 함께 거닐던 개울가 바위 위에 우두커니 앉아서 이 편지들을 달빛에 비춰가며 읽고 또 읽다가 잠을 설친 적도 더러 있었으리라.

여헌의 편지를 13통이나 받은 권봉은 권극립의 아들로서 이른바 여헌의 10대 제자 가운데 한 사람이었다. 그는 40년 동안 여헌에게 배우면서 여헌의 입암 생활을 도맡아 놓고 보좌했으며, 여헌이 입암에서 별세하자 극진하게 장례를 도왔던 인물이다. 게다가 그는 1642년 여헌을 모신 입암서원을 건립하는 데 주도적인 역할을 하기도 했다. 권봉은 스승에게 수시로 해산물 등 각종 선물을 보내기도 했다. 그에게 보낸 여헌 편지의 중요한 내용은 바로 이 선물에 대한 감사와 함께, 개인적인 신상, 상대방에 대한 안부 등이며, 입암의 여러 제자들에게 보낸 편지도 대체로 같은 내용이다.

이 서간집에 수록된 52편의 글들은 여러 가지 측면에서 중요한 의미를 지닌다. 52편 가운데 2편을 제외하고는 모두 여헌의 친필이라는 점에서 각별한 가치가 있을 뿐만 아니라 대부분 『여헌집』에 수록되어 있지 않은 작품들이라는 점에서 자료적 가치도 남다르다. 게다가 이 서간집은 여헌이 남긴 본격적인 학문적 저술이나 사상이 짙게 투영된 글들과는 달리, 딱딱한 이데올로기로 무장하지 않은 따뜻한 감성을 지닌 진솔하고도 구체적인 인간으로서의 여헌의 모습을 가슴으로 느낄 수 있다는 점에서 더없이 소중하기도 하다. 이와 같은 여헌의 모습은 이 서간집에 유일하게 수록된 다른 갈래인 다음 제문에서 아주 극명하게 드러나고 있다.

> 날마다 아름다운 산수 사이를 함께 거닐면서 가 보지 않은 숲이 없었고, 앉아 보지 않은 돌이 없었습니다. 동쪽 봉우리에 달이 뜬 밤과 남쪽 밭둑에 비 그친 아침이면 술에 취하여 흉금을 터놓고 이야기를 하다가, 때때로 노래도 불러가면서 하루를 다 보내고 밤을 지새웠던 것이 모두 몇 번의 봄, 몇 번의 가을이었습니까. 같이 늙어 가자는 약속을 이루지도 못했는데, 공公이 이렇게 난데없이 돌아가실 줄을 어찌 생각이나 했겠습니까. 오호라! 시내와 바위는 옛 모습 그대로이고 숲과 골짜기는 옛날의 정취 그대로입니다. 그런데 일찍이 함께 노닐던 분이 계시지 않아 묵은 자취는 쓸쓸하기 짝이 없건만, 목소리와 그 모습만 또렷하게 떠오르니 살아남은 자의 마음을 어찌 말로 다할 수가 있겠습니까. 저는 어제 임고서원에 들렀다 오면서 서원 부엌에서 술과 닭을 빌려 소박한 제수를 차려 놓고 간략하게나마 옛 정의를 펴오니, 흠향하시옵소서!

동봉 권극립의 소상小祥 때 여헌이 지은 제문의 일부다. 천편일률의 매너리즘에 빠져 있는 상투적인 제문과는 달리 행간과 행간, 그 도저한 여백과 침묵의 공간에 곡진한 정이 고랑마다 메아리치는 감성적이고도 정감적인 글이다. 어느 부분에서도 딱딱한 이념의 옷을 입은 성리학자 여헌의 모습은 보이지 않는다. 그 대신 슬플 때 슬퍼하고 아플 때 아파할 줄 아는 한 다정한 인간의 모습이 손에 잡힐 듯이 오롯이 드러나 있으며, 이와 같은 경향이야말로 이 서간집이 지닌 가장 중요한 특징이라고 할 수 있을 것이다.

주

8) 여헌에 관한 본문의 내용은 『여헌집』과 『여헌연보』를 중심으로 하여 서술했다. 서술 과정에서 다음과 같은 글들을 참고했으며, 그 가운데서도 특히 황위주의 논지에 기댄 바 크다.
황위주, 「여헌 장현광의 삶과 문학」, 『여헌 장현광의 학문과 사상』(금오공과대학 선주문화연구소, 1994); 장인채, 『여헌 장현광 선생의 학문개관』(여헌학연구회, 2004).

9) 『여헌선생연보』.

10) 『여헌선생연보』.

11) 장현광, 『龍蛇日記』.

12) 장현광, 「旅軒說」.

13) 장현광, 「標題要語」.

14) 장현광, 「孔子不得位論」.

15) 장현광, 「海說」.

16) 청천당에 관한 글은 『청천당선생문집』, 『조선왕조실록』, 『한국민족문화대백과사전』 등을 바탕으로 집필하였다.

17) 『仁祖實錄』.

18) 『仁祖實錄』.

19) 『顯宗實錄』.

20) 이 부분에 관한 서술은 『조선왕조실록』, 『戀美亭實記』, 다산 정약용의 「紀古今島張氏女子事」, 『逸士遺事』 등의 기록을 바탕으로 하였으며, 다음의 글을 참고하였다.
김성우, 「내가 아니라면 누가 가문의 원한을 씻어주리까-장석규」, 『영남을 알면 한국사가 보인다』(푸른 역사, 2005).

21) 이 부분은 한국학중앙연구원에서 간행한 『고문서집성79-인동 인동장씨 여헌종택 편』과 『한국 간찰 자료 선집16-여헌선생수찰』 등을 바탕으로 하여 서술되었으며, 다음의 글들을 크게 참고하였다.
김학수, 「인동장씨 여헌종택의 가계와 고문서」, 『고문서집성79-인동 인동장씨 여헌종택 편』(한국학중앙연구원, 2005); 김학수, 「여헌 장현광의 은일적 삶과 『여헌선생수찰』」, 『한국 간찰 자료 선집16-여헌선생수찰』(한국학중앙연구원, 2010).

제3장 종가의 건축

1. 여기 이런 집을 짓고 살았네[22]

1) 남산고택의 어제와 오늘

여헌은 아버지 장렬이 살던 남산의 집에서 태어나 39년 동안 그곳에서 살았다. 그러나 그가 아버지로부터 물려받아 살던 집은 임진왜란으로 인하여 온통 쑥대밭이 되어 버렸다. 여헌은 생명 그 자체를 보존하는 것조차도 정말 힘이 들었던 참담하기 짝이 없는 전쟁을 만나, 이곳저곳으로 떠돌아다니다가 천신만고 끝에 고향으로 돌아왔지만, 눈앞에 펼쳐진 고향 풍경은 처참하기 짝이 없었다.

임진왜란은 우리나라 역사가 생긴 이래로 가장 참혹한 변고였다. 이 지역 전체가 왜적들이 오고 가는 길목이 되고, 살던 사람들이 모두 무자비한 죽음을 당하여, 여러 병영兵營들이 적의 소굴이 된 지가 거의 1년 반에 이르렀다. 마을의 집들은 모두 불타 쑥대밭, 갈대밭이 되어 버렸다. 사람들이 칼날에 죽음을 당하여 도랑과 골짜기에 버려지는 바람에 천백 명 가운데 겨우 한두 명이 살아남았다. 그들은 사방으로 흩어져 떠돌아다니다가 왜적이 물러간 지 거의 10년이 지난 뒤에야 하나둘씩 모여들었는데, 그 가운데는 우리 장씨張氏도 5~6명이 포함되어 있었다. 가시나무를 베어 내고 불에 탄 재를 쓸어 낸 뒤에 풀을 엮어 장막을 쳐 놓고 각자 고향 땅을 편안하게 여겼으나, 나는 그들보다도 더욱더 옹졸한 사람이기 때문에 스스로 돌아올 방법이 없었다. 그러므로 고향에 돌아와도 의지하고 머무를 곳이 없어서 당황해 하다가 다시 떠나기를 여러 번 되풀이하였다.[23]

여헌의 이와 같은 술회는 결코 상투적이고 수사적인 과장이 아니었다. 고니시 유키나가(小西行長)가 인솔한 왜적의 주력부대는 동래―양산―밀양―청도―대구―인동―선산―상주―문경―조령을 거쳐 서울로 진격하였고, 인동과 선산 등 구미지역은 바로 적의 주력부대가 관통하는 곳이었다. 게다가 임진왜란 초기에 해당하는 1592년(선조 25) 9월 여헌이 살았던 인동에서는 의병장 장사진張士珍이 이끄는 의병들과 무자비한 노략질을 일삼던 왜적들 사이에 크고 적은 전투가 여러 차례 벌어졌고, 2차에 걸쳐 피비린내 나는 전면전이 벌어지기도 했다.

전투 초기에는 의병들이 왜적의 간담을 서늘하게 하고 산천초목조차 벌벌 떨게 하는 혁혁한 전과를 올렸다. 하지만 의병장의 아우 장사규張士圭가 전쟁터에서 전사했고, 아우의 복수를 다짐하던 의병장조차도 고군분투하며 용감무쌍하게 싸우다가 장렬하게 전사하면서 대세가 기울어져 버리고 말았다. 전쟁터가 된 인동의 피해는 더욱더 심각할 수밖에 없었으며, 완전 쑥대밭이 되어 버린 고향을 보고 여헌도 망연자실할 수밖에 없었던 것이다. 이와 같은 암담한 상황 속에서 1606년 폐허가 된 집터에 새로운 집인 모원당慕遠堂이 건립되었는데, 그 건립 경위는 다음에서 간략하게 살필 수 있다.

> 우리 집안사람들이 나를 가련하게 여겨서 살아 돌아온 고향 친구들과 의논하여 재목을 마련하고 돈을 내어 옛날의 우리 집터에다 새로 집을 지었다. 방과 대청을 각각 두 칸씩 만들었고, 고을의 원님 유 아무개가 관청에 남아 있던 기와를 주어 지붕을 덮었다. 이렇게 하여 내가 이 모원당을 가지게 되었던 것이다.[24]

고향으로 돌아와 봐도 정착할 방안이 없어서 다시 고향을 떠나기를 여러 번 반복했던 여헌이 고향 땅에 다시 짐을 풀 수 있었던 것은 제자인 만회당晩悔堂 장경우張慶遇를 위시한 주변 사람들의 도움 덕분이었다. 여헌은 그들의 도움을 얻어 폐허 위에다 남산파의 구심점이자 영원한 고향인 집을 새로 세우고 모원당이라는 이름을 붙였는데, '모원'의 의미에 대해서 여헌은 다음과 같이 말한 바 있다.

> 아! 산은 옛날 그대로이고 물도 옛날 그대로이며 골목도 모두 옛날 그대로나, 시간이 흐르고 사람들이 바뀌고 죽은 자는 다시 살아날 수 없으므로 옛사람을 다시 볼 수는 없다. 하지만 선조께서 주신 몸으로 선조께서 사시던 고을에 살면서 선조를 사모하는 마음이야 어찌 말로 다 표현할 수 있겠는가. 저 들판은 선조들이 밭을 갈고 수확하던 들판이며, 저 도로는 선조들이 밟고 다니시던 도로이며, 저 강산은 선조들이 노닐며 감상을 하시던 강산이다. 선조들이 덕을 쌓으신 덕분으로 자손들도 또한 이 들판에서 갈고 수확하며 이 도로를 밟고 다니고 이 강산을 노닐며 감상하니, 사람들이 과연 제 스스로 밭 갈고 제 스스로 수확하며 제 스스로 밟고 다니고 제 스스로 노닐며 제 스스로 감상한다고 할 수가 있겠는가. 이는 모두가 선조들의 덕분이 아님이 없다. 그렇다면 어찌 조상에 대한 효성을 다하

지 않을 수 있겠는가.…… 그러므로 (먼 선조들에 대한 추모의 마음을 담아) 나의 당의 이름을 모원당慕遠堂이라 하였다.[25]

보다시피 내 몸이 있게 하신 조상들에 대한 효심이 행간마다 감동적으로 메아리치고 있는 명문 중에서도 명문이다. 요컨대 여헌은 이처럼 조상들에 대한 무한한 감사와 추모의 마음을 담아 새로 지은 집에다 모원당이라는 현판을 걸었고, 바로 이 모원당에서 여헌가의 역사가 사연 많은 장편의 서사시처럼 도도하게 전개되기 시작했던 것이다.

그러나 여헌이 살던 4칸짜리 모원당이 수백 년 동안 어떻게 존재해 왔는지는 자료상의 한계로 인하여 확인하기 어렵다. 그 후 언젠가 생활이 안정되면서 본래 자리에 종택 건물을 다시 지었다고 하기는 하지만, 누구에 의해서 언제 어떤 건물이 지어졌는지를 알 수 있는 단서는 아무 것도 없다. 여헌의 5대손인 장지덕張趾德이 만년에 천생산의 신곡新谷으로 옮겨 가서 살다가, 그의 손자인 장윤종張胤宗 때 다시 돌아왔다고 하나 그 사이에 어떤 연유가 있었는지도 확실하지 않다.

그로부터 세월이 한참 흐른 뒤인 1889년(고종 26)에 종택이 새로 개축되었다. 이 종택은 수리에 수리를 거듭하면서 거의 100년에 가까운 세월을 견뎠으나, 더 이상은 도저히 견딜 수가 없게 되자 1983년 전면 해체되었다. 해체된 자리에 새로 세워진 종택도 그 사이에 다시 부분적으로 퇴락의 기미가 드러나자 2007년에 남산파 종회에서 거액을 들여 수리하였다. 그리하여 마침내 한 복판에 마당을 둔 사각형의 고래 등 같은 남산고택이 그 모습을 드러내게 되었던 것이다.

2) 회화나무 그늘에서 바라보다

하지만 현재 종손이 살고 있는 이 종택은 그 규모의 장대함에도 불구하고 최근에 현대식으로 새로 지은 기와집이기 때문에 특별히 언급할 만한 건축학적 가치는 별로 없다고 해야 할 것 같다. 여헌종가에서 보다 큰 의미가 있는 건물은 새로 지은 종택이 아니라 종택 어귀에 남아 있는 옛날의 모원당 건물과 그 옆에 있는 청천당, 그리고 여헌의 신주 등 선조들의 신주를 모시고 있는 사당 건물이며, 이 3동의 건물은 2000년 경상북도 문화재자료 390호로 일괄 지정되었다. 그러나 이 건물들도 너무 낡아서 2005년에 완전 해체하고 새로 지었으며, 새로 짓는 과정에서 과거 건물에서 사용하던 목재의 1/10 정도를 다시 사용했다고 한다.

이렇게 볼 때 이 건물들도 불과 몇 년 전에 다시 지은 새로운 건물들이므로 별 의미가 없다고 생각할 수도 있겠지만, 그것이 꼭 그렇지는 않을 것 같다. 왜냐하면 이 건물들은 옛날 모습을 그대로 복원했을 뿐만 아니라, 이들이야말로 남산파의 수백 년 역사가 담긴 남산파의 상징적 건물이기 때문이다. 그 가운데 사당에 대해서는 제례를 서술하는 자리에서 아주 간략하게 언급할 예정이므로 여기서는 모원당과 청천당에 대해서만 설명을 해 두고자 한다.

(1) 모원당

모원당은 새로 지은 종택으로 들어가는 왼쪽 어귀에 뒷모습을 보이면서 서 있다. 그러므로 이 집의 모습을 제대로 살피려면 건물 옆으로 돌아가 정원에 내려가서 보아야 하는데, 막상 가 보면 집보다 먼저 정원 한복판에 뿌리를 박고 있는 거대한 회화나무 한 그루가 시선을 확 잡아당긴다. 1606년 모원당을 지으면서 여헌이 직접 심었다고 하니, 나이가 이미 사백 살이 넘었음에도

2005년 새로 짓기 이전의 모원당 (제공: 구미시청)

모원당과 회화나무. 여헌은 아마도 나무를 몹시 사랑하고 나무 심기를 좋아했던 분이 아닐까 싶다. 그는 마을 앞을 가려 주던 오래된 숲이 임진왜란으로 인하여 황폐해지자 마을 사람들과 의논하여 숲의 복원을 주도한 바 있다. 게다가 그가 심었다고 전해지고 있는 나무 가운데 400년이 지난 오늘날까지 살아 있는 것만 하더라도 여러 그루다. 모원당 뜰 한가운데 자리 잡고 있는 이 회화나무가 우선 그렇다. 동락서원 앞에 서 있는 우람한 은행나무는 1610년 부지암정사를 지으면서 여헌이 심은 나무라고 전해오고, 입암서원의 향나무는 여헌이 임진왜란을 피하기 위해 이곳으로 왔을 때 심은 나무라고 한다. 의성군 금성면 구련 1리에도 1603년 9월 여헌이 의성현령 시절에 심었다고 전해지는 은행나무가 있다.

(제공: (위) 한국학중앙연구원 (아래) 영남문화연구원)

불구하고 이 나무는 아직도 시퍼런 청춘이다. 그 기나긴 세월 동안 이 집에서 일어난 크고 작은 일들을 죄다 지켜보며 기쁠 때 함께 손뼉 치며 기뻐했고, 슬플 때 함께 땅을 치면서 통곡했던 나무일뿐만 아니라, 이 집에서 일어날 미래의 일까지 낱낱이 다 지켜보게 될 나무이기도 하다. 이 회화나무는 화려하던 봄날이 죄다 지나가고 여름이 점점 깊어갈 때 잔가지가 제법 드리워지도록 연노란 꽃들을 피우는데, 그 빛깔이 워낙 수수하기 때문에 감각이 무딘 사람은 꽃이 피어도 크게 의식하지 못할 수도 있다. 하지만 꽃들이 온통 떨어져서 연못이랑 뜰에 마구 휘날릴 때 바라보면 정말 그지없이 아름답다. 모원당이 제일로 운치 있을 때도 아마 이 무렵이 아닐까 싶다.

이 아름드리 회화나무 그늘에서 바라보면 동쪽에 서 있는 심심하고 밋밋한 일자형一字形의 홑처마 집이 바로 모원당이다. 하지만 자세히 뜯어보면 이 건물은 밋밋하고 심심한 대로 몇 가지의 건축학적 개성을 가지고 있다. 우선 건물의 칸수부터가 관심거리다. 얼핏 보면 이 건물은 측면 1칸에 정면 6칸으로 구성되어 있는 것처럼 보인다. 그러나 양쪽 옆에 달아 낸 각각 반 칸씩의 서고와 부엌이 눈썹지붕 아래 덮여 있으므로 정면을 4칸으로 볼 수도 있다. 게다가 이 건물은 좌우 대칭의 원칙을 깨뜨리고 있기도 하다. 다 알다시피 이런 종류의 건물들은 대청을 가운데 두고 양쪽 옆에 방을 두는 것이 가장 보편적인 모습이다. 그런데 모원당은 4칸 가운데 오른쪽 두 칸을 대청으로 삼고 왼쪽 두 칸을 방으로 삼는 좀 색다른 모습을 하고 있는데, 그 이유가 두엇인지 궁금하다. 게다가 현판을 정면 처마 밑이나 대청 한복판에 걸지 않고 대청에서 방으로 들어가는 문 위에 걸어 놓은 것, 서고 출입은 앞으로 하게 되어 있는데 부엌 사용은 뒤에서 하게 되어 있다는 것도 특색이라면 남다른 특색이다.

그러나 이 집이 지닌 가장 큰 특색은 장식성이 극도로 배제된 간결한 구조와 단순 소박한 기품인데, 이 집에 살았던 사람들의 품성과 미감이 바로 거기 오롯이 담겨 있다. 햇살이 따스한 날 오후 세 시에 회화나무 그늘에 앉아 붉은 빛이 은은하게 감도는 모원당의 흙벽을 오래도록 한번 바라보라. 아마도 시원적인 평화가 그 무슨 꿈결같이 밀려오면서, "현란한 빛깔은 사람의 눈을 멀게 한다"는 노자老子의 말씀에도 새삼스럽게 고개를 끄덕끄덕하게 되리라.

(2) 청천당

모원당 옆 나지막한 축대 위에 가부좌를 틀고 있는 집이 있다. 회화나무 그늘에서 바라보면 북쪽에 있는 남향집, 그 집이 바로 청천당이다. 정면 3칸, 측면 1.5칸에 홑처마로 이루어진 팔작지붕 건물로 앞에 마루를 두고 있다. 가운데 있는 대청의 양쪽에다 방을 하나씩 두고 있는데, 이런 종류의 건물에서 가장 흔하게 볼 수 있는 구조다.

문화재청 등이 작성한 각종 안내문에는 이 건물에 대해 '여헌의 아들 청천당 장응일(1599~1676)이 학문을 닦고 교유의 공간으로 사용하기 위하여 1607년에 세운 것'이라고 설명하고 있지만, 잘못된 것임이 거의 확실하다. 왜냐하면 1607년에는 청천당이 아직 9살밖에 되지 않은 어린아이였고, 게다가 청천당의 증손 장대윤張大胤의 다음과 같은 기록이 남아 있기 때문이다.

> 부군(청천당을 말함)께서는 조정의 의논이 분열되어 시사時事가 어렵고 위태함을 보시고 전원으로 물러나 사시면서 벼슬에 뜻을 끊으셨다. 만년晩年에는 월곡月谷의 선산先山 아래 집을 지어 청천와聽天窩라고 현판을 걸고 안빈낙도安貧樂道를 하시면서 세속적인 득실에 마음을 두지 않으셨다. 평생토록 매화를 가장 사랑하여 청천와의 동쪽 정원에다 8개의 높직한 터를 쌓은 뒤에 손수 매화를 심어 놓고…… 매양 꽃이 필 때가 되면 지팡이를 짚고 거닐다가 이 매화를 사랑하는 마음을 시로 표현하시곤 했다.[26]

와窩와 당堂은 그 규모와 느낌이 다소 다르기는 하지만 모두 집을 가리키는 한자이며, 따라서 이 글에 나오는 청천와는 사실

회화나무 북쪽에서 남향으로 자리 잡은 청천당 (제공: 영남문화연구원)

상 청천당과 같은 집이거나 적어도 그 뿌리가 같은 집임이 분명하다. 그런데 보다시피 장응일은 만년에 생가 어머니의 산소를 위시한 선조들의 산소가 있었던 성주 월곡에다 청천와를 짓고 안빈낙도하는 생활을 했으며, 이 점은 종가의 고문서를 통해서도 다시 한 번 확인된다.

그가 왜 아버지가 살던 모원당을 두고 성주 월곡에다 청천와를 지었는지는 분명하지 않다. 하지만 월곡이 조상들이 살았던 곳일 뿐만 아니라 자신의 생가가 있는 암포와도 가까운 곳인 데다 조상들의 산소가 있는 곳이기도 하므로, 그곳에도 일정한 경제적 기반이 있었을 터다. 이와 같은 맥락에서 여헌이 남긴 다음과 같은 글이 주목된다.

> 돌아보건대 나는 지금 이미 노쇠함이 심하니, 이후에 더 살 수 있는 해가 얼마나 되겠는가. 또 생각하건대 이 고을은 경상도 가운데 적병이 바로 지나가는 길이어서 가장 혹독하게 화를 입었다. 지금도 아직 완전히 편안해진 상황이 아니니, 앞으로 재앙의 기미가 다 끝났다고 장담할 수도 없다. 그리하여 남산 옛집에서 편안히 살 수 있다고 보장하기가 어려우므로 몇 년 전에 이미 양아들(장응일을 말함)로 하여금 성주의 집을 다시 경영하게 했고 선산으로 시집간 한 딸이 수시로 내왕하고 있으나, 이곳에는 미처 생업을 두지 못하였다.[27]

보다시피 여헌은 불확실한 미래에 대비하기 위하여 아들인 장응일에게 성주에다 집을 다시 경영하도록 조치를 취한 바가 있었고, 따라서 모원당과는 별개로 성주에도 집이 있었음이 분명하다. 게다가 남산 쪽에는 미처 생업을 두지 못했다는 내용을 보면 이때까지만 해도 여헌가의 경제적 기반은 남산보다 성주에 있었다고 판단되는데, 여기서 말하는 성주는 아마도 장응일의 생가가 있었던 암포에서 가까운 월곡이었을 것으로 짐작된다. 이렇게 말할 수 있는 근거는 거주지가 기록된 다수의 종가 문서들에서 장응일의 아들 장벽張鈘(1622~1705)의 거주지가 월곡으로 기록되어 있고, 그의 아들인 장만기張萬紀(1639~1720)도 월곡에 거주하다가 인동의 남산으로 옮긴 것으로 되어 있기 때문이다.

이렇게 볼 때 장벽과 장만기도 역시 장응일이 성주에 경영한 집에서 대를 이어 살았을 것으로 생각되며, 청천와가 월곡에 지어진 것도 같은 맥락에서 이해할 수 있다. 그런데 거주지가 월곡이었던 장만기는 훗날 남산으로 거주지를 옮겼고, 그 후로부터 여헌의 종손들은 대대로 남산에서 거주한 것으로 되어 있다. 이렇게 볼 때, 장만기가 남산으로 옮겨 온 후의 어느 시점에서 월곡에 있던 청천와를 계승하여 남산에다 다시 세운 것이 현존하는 청천당의 아득한 선조가 아닐까 싶다.

그러나 운명이 어느 나무 뒤에 숨어 있다가 난데없이 뒤통수를 내려칠지 어느 누구도 알 수 없는 법. 앞에서도 이미 언급한 것처럼 1800년 인동작변이 일어나 다수의 남산파 사람들이 억울하게 역적으로 몰리면서 온 집안이 수난을 당하는 사건이 발생했다. 여헌에 대한 여러 권의 책을 지은 바 있는 장인채 님(82세)에 의하면 청천당도 이때 역적이 살던 집이라는 누명을 뒤집어쓰고 어느 날 문득 철거되었다고 한다.

철거된 청천당은 인동 관아의 부속 건물로 관아 내에 다시 세워져서 팔자에도 없는 구차하고도 기구한 삶을 오래도록 살았다. 1861년 억울하게 역적의 누명을 뒤집어썼던 사람들이 신원되었고, 그 이듬해에 관아에 서 있던 청천당을 뜯어 가라는 통지가 있었다고 하나, 그 후에 청천당이 어떻게 되었는지는 확실하지 않다. 원래는 청천당이 5칸으로 이루어진 규모가 큰 집이었으나 여러 차례 철거하면서 재목들이 훼손되었고, 그 훼손된 재목을 보충하지 않은 채 남은 재목으로 새로 짓다 보니 지금과 같은 3칸 집이 되었다는 이야기도 있으나 그 근거를 찾을 수는 없었다. 다만 1902년에 유헌遊軒 장석룡張錫龍이 지은 이 건물의 중수 상량문이 남아 있는 것으로 보아, 이 무렵에 청천당이 중수되었다는 것만을 겨우 확실하게 알 수 있을 뿐이다.

2. 예던 길 다시 예다

앞에서도 이미 언급한 것처럼 여헌은 한곳에서 정착하지 못하고 나그네로 떠돌아다닌 적이 많았다. 그러므로 3대 강학 공간으로 일컬어지는 부지암정사不知巖精舍, 영천의 입암정사立叢精舍, 선산의 원회당遠懷堂을 위시하여 구미의 오산서원吳山書院, 청송 사물료四勿寮 등 여러 곳에 머물며 강학을 했다. 뿐만 아니라 인동의 동락서원東洛書院, 영천의 입암서원立巖書院, 영천의 임고서원臨皐書院, 선산의 금오서원金烏書院, 청송의 송학서원松鶴書院, 의성의 빙계서원氷溪書院, 성주의 천곡서원川谷書院 등 여헌을 모신 서원도 많다. 이들 강학 공간과 서원들 가운데는 이미 그 흔적을 찾기 어려운 곳도 더러 있지만 지금까지 남아 있는 경우도 많다. 그러나 동락서원 옆 낙동강 가에 위치하고 있는 부지암. 새의 똥처럼 생겼다 하여 새똥바위라고 부르기도 한다.

제한된 지면에 그 많은 곳을 다 소개하다가는 어느 하나도 제대로 소개하기가 어려울 것이다. 그러므로 다소 섭섭한 일이지만 여기서는 여헌의 대표적 강학 공간일 뿐만 아니라 여헌을 중심인물로 모시는 서원이 남아 있고, 현장을 답사했을 때 자연경관 등 볼거리가 가장 풍성한 동락서원과 입암서원 일대만을 소개하기로 한다.

1) 부지암정사 – 동락서원[28]

언제였던가, 낙동강 가에 있는 부지암不知巖이라는 바위를 처음으로 찾아갔던 어느 해 늦가을 저녁의 일을 나는 아직도 잊지 않고 있다. 낙동강을 가로지르는 구미대교를 건너서 인동 땅에 발을 내딛는 순간, 고요하고도 짙푸른 하늘에서 한바탕 난데없는 돌풍이 불었다. 그 순간 동락서원 앞에 그 무슨 성자처럼, 아니면 그 무슨 바보처럼 서 있던 거대한 은행나무 가지들이 미친 듯이 요동치기 시작했고, 노랗게 물든 은행잎들, 그 수천수만의 황금 부채들이 저 무한 창공으로 솟구쳐 올랐다가 흐르는 강물 위에 뛰어내렸다. 그리고 바로 그 언저리에 부지암이 건너편에 장중하게 치솟아 있는 금오산을 바라보면서 발이라도 씻고 있는 모양이었다.

그런데 바위의 이름이 부지암이라니, 도대체 무엇을 몰랐다는 것일까? 여헌에 의하면 이에 대해서는 여러 가지 다른 견해들이 있다. 강물의 침식작용으로 드러나기 이전까지지는 이 바위들이 흙 속에 묻혀 있어서 아무도 바위가 있는 줄을 알지 못했다는 것이 그 가운데 하나다. 강물이 범람하여 물속에 잠겼을 때는 바위가 있음을 알지 못한다는 것이 다른 하나다. 바위의 주변 경관이 이 일대 낙동강의 절경 가운데서도 가장 빼어난 곳임에도 불구하고 그것을 아는 사람이 없다는 것이 또 다른 하나다.

여헌이 57세 때인 1610년에 만회당晩悔堂 장경우張慶遇(1581~1656)가 고을의 선비들과 함께 부지암의 동남쪽 언덕 위에다 여헌을 위한 정사精舍를 짓자, 여헌은 이 정사에다 부지암정사라는 이름을 붙였다. 이곳은 그동안 온축되어 왔던 여헌의 학문이 구체적인 저술로 드러나기 시작한 곳일 뿐만 아니라 본격적인 강학활동을 통하여 많은 제자를 길러낸 곳이라는 점에서 대단히 중요한 의미를 지닌다. 정사의 이름에 하필이면 대단치도 않은 부지암이라는 바위 이름을 붙이게 된 것은 정사가 부지암 바로 옆에 있기 때문이기도 했지만, 실상 그보다는 부지不知라는 단어가 함축하고 있는 의미의 범주가 대단히 풍부하고도 심원하기 때문이었다. 바로 그 의미에 대한 여헌의 길고 긴 설명을 담은 「부지암정사기不知巖精舍記」 가운데 일부를 간략하게 요약하면 다음과 같다.

> 자신이 몰라도 되는 것을 모르는 것은 물론 좋은 일이지만 몰라서 안 될 것을 몰라서는 안 된다. 잔재주를 부리고 사적인 이익을 도모하는 등의 자질구레한 일들은 몰라도 되지만, 천지, 인물의 본성과 삼강오륜의 도를 몰라서는 안 된다. 나에게 알아줄 만한 실상이 없어서 남이 알아주지 않는 것은 당연한 일이므로 남을 탓할 수 없다. 나에게 알아줄 만한 실상이 있는데도 남들이 알아주지 않는다고 하더라도 내가 가지고 있는 실상 자체가 사라지는 것은 아니므로 나와는 아무런 상관도 없다. 그렇다면 여기서 말하는 '알아줄 만한 실상'이란 무엇을 말하는가? 천지, 인물의 성품을 연구하고 삼강오륜의 도를 다하는 것이 바로 그것이다. 그리하여 마침내 내가 가진 이 도와 덕을 남이 알아주면 나가서 세상에 크게 기여하게 되고, 세상이 알아주지 않는다 하더라도 천지 만물에게 부끄러움이 없을 것이다. 이 집에 살면서 몰라도 되는 것을 알려고 하지 말고, 알아야 할 것을 알기 위하여 정말 부단하게 노력해야겠다. 부

단하게 노력하여 사람들이 알아줄 만한 실상을 갖추었음에도 불구하고 사람들이 알아주지 않는다 하더라도, 섭섭해 하지도 않고 기가 꺾이지도 않으면서 계속 노력하고 다시 노력을 더 할 뿐이다.[29]

보다시피 부지암정사라는 정사의 이름은 단순하게 부지암이라는 바위에서 따온 것이 결코 아니었다. 정사의 이름에 '부지'를 붙이는 순간 '부지'의 의미는 전혀 새로운 차원의 교훈으로 아득하게 승화되는 것이다. 그런데 무엇보다도 중요한 것은 이 글의 마지막 부분에 나오는 다음과 같은 내용이다.

집 아래 흐르는 강물은 바로 낙수洛水 즉 낙동강의 하류이고, 이수伊水와 낙수洛水는 송나라의 여러 현인들이 일어나신 곳이다. 강의 이름이 우연히 같으니, 학문의 정맥正脈이 흐르는 물줄기를 생각하여 수수洙水와 사수泗水의 연원淵源까지 거슬러 올라갈 수 있다. 서쪽에는 금오산이 있는데 그곳은 바로 야은冶隱 길재吉再 선생이 은둔하신 곳으로서 맑은 바람과 드높은 절개가 곧바로 수양산首陽山의 백이伯夷·숙제叔齊와 서로 비추니, 우러러보면 늠름하기도 하다.[30]

여기서 말하는 이수와 낙수는 송나라의 걸출한 학자였던 정호程顥, 정이程頤 형제가 제자들을 가르치면서 성리학의 초석을 놓았던 곳이고, 수수와 사수는 공자가 제자를 가르치던 곳이다. 이렇게 볼 때 여헌은 부지암정사에서 제자를 기르고 있는 자신을 은근히 정호와 정이 곧 정자程子에다 비견하고, 유학사의 물줄기를 거슬러 올라가서 공자의 경지에 도달하기를 꿈꾸고 있었음이 분명하다. 아울러 그는 두 임금을 섬기지 않는다는 신념을 지키며 낙동강 건너편 금오산에 은거하고 있었던 야은 길재를 백이 · 숙제와 비견하면서 각별한 존경심을 드러내고 있기도 하다. 따라서 여헌이 설정한 이상적인 자아의 모습은 공자의 학문에다 백이와 숙제의 지조를 합한 거대하고도 우람한 인물이라고 해도 좋다. 요컨대 여헌는 부지암정사에서 그와 같은 인물이 되기를 꿈꾸면서 낙동강과 금오산을 오래도록 바라보고 있었던 것이다.

여헌이 세상을 떠난 후인 1655년(효종 6) 바로 이 부지암정사 자리에 그를 모시기 위한 부지암서원이 세워졌다. 1676년(숙종 2)에 부지암서원은 조정으로부터 동락서원東洛書院이란 사액을 받아 사액서원賜額書院의 반열에 올랐다. 서원 이름 '동락'은 동방의 이수와 낙수라는 뜻이니, 앞에서 살펴본 「부지암정사기」에 드러나 있는 여헌의 뜻이 서원의 이름에도 그대로 반영되어 있는 셈이다.

그러나 동락서원은 대원군의 서원철폐정책 때 살아남은 47개 서원에 들어가지 못함으로써 1871년 황망한 가운데 난데없는 된서리를 맞고 말았다. 참으로 망연자실할 일이 일어나고도 오랜 세월이 지난 뒤인 1932년에야 비로소 서원의 사당이 다시 세워졌다. 모원당, 부지암정사를 건립하는 데 주도적인 역할을 했던 여헌의 제자 장경우가 1933년 여헌의 뒤를 이어 모셔졌으며, 1971년 서원이 중건되어 신주를 옮겨 모심으로써 옛날의 면모를 다시 갖추었다.

구미대교와 공단의 건설로 인하여 동락서원은 그 주변 경관이 엉망진창이 되어 버렸다. 하지만 그 엉망진창을 마음속으로 죄다 걷어 내고 바라보면, 옆으로 낙동강을 끼고 있고 멀리 금오산을 바라보고 있어 경관이 그런대로 빼어난 편이다. 게다가 나지막한 산자락에 남향으로 우뚝 서 있으므로 언제 보아도 위엄과 함께 따뜻함이 느껴진다. 서원 입구에는 여헌이 손수 심었다는

여헌과 그 제자 만회당 장경우를 모시고 있는 동락서원 전경. 은근한 저녁노을을 배경으로 하여 왼쪽에 보이는 것이 여헌이 심었다는 거대한 은행나무인데, 수령이 400년이 넘었는데도 아직 정정하기만 하다.

거대한 은행나무가 사백 살이 넘는 나이에도 불구하고 아직도 건강한 모습으로 서 있어 여헌의 모습이 저랬던가 싶다.

은행나무 둥치를 한번 벅차게 안아 본 뒤에 누각 형식으로 이루어져 있는 준도문遵道門을 조심스럽게 들어가 본다. 휘늘어진 목백일홍 붉은 꽃 속에 기숙사인 윤회재允懷齋와 근집재謹執齋가 좌우로 자리 잡고 있고, 정면에는 강당인 중정당中正堂(경상북도 문화재자료 제21호)이 위엄에 찬 모습으로 앉아 있다. 강당 바로 뒤의 내삼문內三門 너머로 여헌과 만회당의 신주를 모신 경덕묘景德廟가 높직이 서 있는데, 2월 중정일中丁日과 8월 말정일末丁日에 이곳에서 향사를 지내고 있다. 대부분의 서원이 그렇듯이 동락서원의 공간 배치도 학문을 강론하는 강학 공간이 앞에 나직하게 자리 잡고 있고, 제사를 지내는 제향 공간은 뒤에 높직하게 서 있는 셈이다. 서원에는 여헌의 신도비神道碑가 있을 뿐만 아니라 여헌이 사용하던 가죽신, 삿갓, 우산대, 지팡이 등 유품들도 남아 있다. 그것이 만약 평범한 사람이 쓰던 것이라면 별다른 감흥이 없었겠지만, 여헌의 손때가 묻은 것이라고 생각하니 새삼스레 가슴이 뭉클해져 온다.

서원을 참배하고 난 뒤에 그래도 꼭 둘러보아야 할 곳은 서원 오른쪽 아늑한 골짜기에 자리 잡고 있는 부지암정사다. 동락서원이 훼철된 뒤인 1885년에 바로 이곳에 아득한 옛날의 부지암정사가 중건되었고, 오랜 세월 동안의 풍화작용과 함께 건물이

퇴락하자 1975년 다시 지은 것이 현존하고 있는 부지암정사다. 세워진 지 그리 오래되지 않은 건물이지만 그 근원을 거슬러 올라가보면 동락서원을 낳은 동락서원의 아버지에 해당하는 건물이다.

동락서원 탐방의 맨 마지막 코스는 천연대天淵臺라는 커다란 글씨가 새겨진 서원 바로 옆 낙동강 언덕에 있는 바위다. 누구의 글씨인지 알 수 없지만, 오늘도 나는 그 바위에 기대서서 노을이 붉게 타오르는 강에 펄펄 뛰어오르는 황금빛 물고기를 바라보다가, 눈을 들어 저 우뚝한 금오산을 향하여 날아가는 새들의 비상을 오래오래 바라다본다. 그 옛날 여헌이 그랬던 것처럼!

2) 입암서원[31]

여헌의 또 다른 강학처인 입암立巖은 오늘날의 행정구역상으로는 포항시에 속하지만 과거에는 이 지역이 영천에 속했다. 사람이 살지 않던 입암 땅에 처음으로 들어와서 산 첩첩 물 겹겹 척박한 곳에다 문화의 씨앗을 뿌린 이들이 영천 사람들이었고, 여헌과 가까웠던 노계蘆溪 박인로朴仁老 및 입암에서 함께 지냈던 여헌의 벗들도 모두 영천 사람들이다. 그러다 보니 여헌의 제자 가운데 영천 쪽 제자들이 하나의 학맥을 이룰 정도로 대단히 성대하다. 영천 입암에 오랫동안 머물렀고 영천지역 문헌에 너무나도 자주 등장하기 때문에 과거 영천 사람들에게 여헌은 영천의 인물로 인식되기도 했다.

교통이 편리해진 오늘날에는 입암으로 가는 길이 다양해졌다. 그러므로 단순히 지리적 공간인 입암으로 갈 때는 어디로 가도 무방하다. 하지만 여헌이 계시던 문화적 공간인 입암으로 갈 때는 영천에서 출발하는 것이 옳다. 시퍼렇게 굽이치는 금호강 상류 자호천의 물결을 따라 굽이치며 올라가는 근 100리 길, 이 길이 바로 입암으로 문화를 실어 나르고 입암의 문화를 세상으로 실어 날랐던 역사 속의 길이기 때문이다. 게다가 여헌이 몹시도 숭모했던 포은 정몽주의 고향이 바로 임고이고, 포은의 초상화가 모셔져 있는 임고서원이 바로 그 임고에 있다. 언젠가 여헌은 포은의 초상화를 배알하고 난 후, 다음에 그 일부를 인용한 「알포은선생유상사謁圃隱先生遺像詞」를 지은 바도 있다.

> 그 얼마나 다행인가, 선생이 돌아가신 지 2백여 년에
> 오늘 저 거룩한 모습 앞에 절을 올릴 수 있게 되었으니.
> 아! 도덕과 절의가 우리나라에서 제일가는 분이 아니라면
> 유상을 보고 감격하며 기뻐하기를 이토록 지극하게 할 수 있을까.

보다시피 여헌은 포은이야말로 도덕과 절의가 우리나라에서 제일가는 분이라고 극찬하였다. 아울러 그런 위대한 분의 초

상화를 뵙는 데서 오는 가슴이 굵게 뛰는 뜨거운 감회를 감정적 도취까지 곁들여서 가슴 벅차게 고백하고 있기도 하다. 이토록 포은을 흠모했기 때문에, 여헌은 임진왜란으로 불바다가 되어 버린 임고서원을 현 위치에다 옮겨 세울 때 정신적 후원자의 역할을 했다. 그 당연한 결과로서 여헌의 문집에는 사당의 상량문과 봉안문奉安文, 강당의 상량문, 포은 선생 축문祝文 등을 포함하여 임고서원과 관련된 글들이 적지 않게 수록되어 있다. 게다가 과거 오랫동안 여헌의 신주가 이 서원에 모셔짐으로써, 영천 선비들이 올리는 제삿밥을 그가 흠모해 마지않았던 포은과 같은 방에서 자시기도 했다. 그러므로 갈 길이 아무리 바빠도 임고서원의 거대한 은행나무 밑에서 잠시 서성이다 입암으로 가는 것이 옳을 것이다.

입암, 입암! 마을 어귀에 그 무슨 상징처럼 거대한 바위가 우뚝 서 있다고 하여 입암이라 불리게 된 곳. 그곳은 사방으로 산이 겹겹이 둘러쳐져 있는 가운데, 그 사이를 비집고 물이 열다섯 번이나 몸을 비틀면서 가까스로 흘러나오는 오지 중에서도 깊은 오지다. 그런데 어느 날 문득 여헌이 이곳에 정착하면서 이 깊은 산중에 아연 난데없는 새바람이 불기 시작했고, 급기야 입암은 우리나라 사상사나 문학사에서 아주 특별한 의미를 지닌 유서 깊은 공간으로 승화되었다.

일생을 나그네로 떠돌던 여헌은 세상과 멀리 떨어진 고립된 임고서원에 소장된 포은 정몽주의 초상. 1629년에 그려진 이 초상화는 현존하는 포은의 초상화 가운데 가장 오래된 것으로, 여헌이 이 초상화를 보고 포은을 찬양했을 가능성도 있다.

임고서원 은행나무. 1603년 임고서원을 이건한 후에 원래 서원에 있던 나무를 옮겨 심은 것이라는 전설이 있다.

공간인 입암의 아름다운 자연 속에서 비로소 시원적인 평화가 밀려오는 것을 느꼈다. 그러므로 그는 비교적 오래도록 이곳에서 머물렀고, 떠나 있어도 언제나 마음의 고향으로 입암 땅을 그리워했다. 또한 타향살이하던 사람이 고향으로 돌아와서 생을 마감하듯이, 여헌도 이곳으로 돌아와서 파란만장한 삶을 마치기도 했다. 왜 하필 그는 고향에서 멀리 떨어진 이 첩첩산중을 마음의 고향으로 여기게 되었을까?

여헌이 아무런 연고도 없었던 입암 땅에 정착하게 된 데는 몇몇 영천 선비들의 진심 어린 요청과 실질적인 도움에 힘입은 바 컸다. 세상에서 흔히 '영천의 네 벗' 으로 부르는 동봉東峰 권극립權克立(1558~1611), 우헌愚軒 정사상鄭四象(1563~1623), 윤암綸庵 손우남孫宇男(1564~1623), 수암守庵 정사진鄭四震(1567~1616)이 바로 그들이다. 모두 혈연과 학연으로 얽혀진 가까운 사이로, 임진왜란이라는 무자비한 전쟁의 공포를 피하여 이곳에 들어와서 살기 시작한 그들은 여헌에게 함께 살기를 권유하였다. 몇 차례의 답사를 통하여 수양의 공간, 강학의 공간, 휴식의 공간, 피난의 공간으로서의 입암이 지닌 입지적 조건에 마음이 끌렸던 여헌은 마침내 그들과 함께 살기로 결정을 하고, 1597년에 가족들을 거느리고 와서 입암에 완전히 정착하였다.

여헌을 진심으로 존경했던 그의 벗들은 여헌이 이곳에서 정착하는 데 구체적이고도 실질적인 도움을 주었다. 대청인 일제당

눈 내린 날의 입암. 왼쪽에 우뚝 선 바위가 바로 입암이며, 오른쪽에 있는 정자가 일제당이다. 바위와 정자, 산과 시내가 절묘한 조화를 이루고 있어 언제 보아도 아름답다.

日躋堂과 대청 좌우에 위치한 방인 우란재友蘭齋, 열송재悅松齋로 구성된 강학의 공간인 입암정사立巖精舍가 건립되고, 여헌의 살림집인 만활당萬活堂, 수약재守約齋와 만욱재晩勗齋가 좌우에 딸린 경제당敬躋堂 등을 세우는 데도 그들의 도움이 컸다. 고매한 인품을 가졌던 여헌도 이러한 벗들에게 각별한 고마움을 표시하면서, 적지 않은 나이 차이에도 불구하고 격의 없는 친구처럼 다정하게 대했다. 의기투합한 그들은 진심 어린 사우師友가 되어 이심전심의 교감을 나누면서 뜨겁게 학문에 매진하였고, 또 더러는 산수 간을 소요하면서 시문을 짓는 흥취에 흠뻑 빠져들기도 했다. 여헌이 남긴 다음 글을 보면, 흘러가는 시간에다 공간을 적절하게 비벼서 만든 비빔밥의 맛을 음미하면서, 정말 사는 것처럼 아주 천천히 살고 있었던 그들의 모습이 손가락 끝에 잡힐 듯이 환하다.

봄이 되면 산에 꽃이 만발하고 시원한 바람이 골짜기에 가득하며, 여름이 되면 소나무 그늘에 저절로 바람이 불어와서 뜨거운 햇볕을 걱정하지 않아도 된다. 가을이 되면 단풍 물이 든 숲에 비단 물결이 떠올라 옥 같은 시냇물에 붉게 비치며, 겨울이 되면 눈꽃이 휘날려 골짜기의 하늘이 아득하다. 이는 모두 사람과 함께하는 아름다운 홍취가 아님이 없다. 그리고 앞들에 안개가 걷히고 동쪽 산에 달이 떠오르는 것은 아침저녁의 아름다운 경치이다. 마침내 꽃을 찾고 버들을 따라 마음 내키는 대로 발걸음을 옮기며 샘물로 양치질하고 돌 위에 앉으니, 어디든 적당하지 않은 곳이 없다. 작은 그물을 푸른 웅덩이에 던지니 은빛의 생선이 쟁반에서 뛰며, 가느다란 연기가 바위 틈에 떠오르니 산중의 막걸리가 잔에 가득하다.…… 이는 책을 다 읽고 강講을 마친 다음 정신을 쉬고 기운을 펴는 일인데 나와 여러 친구들이 함께하는 일이다. 그렇다면 이 서재에서 거처하는 우리들이 위로 우러러보거나 아래로 굽어봄에 부끄러움이 없을 것이다. 감히 이 약속을 위배하는 자가 있으면 이 입암이 지켜볼 것이다.[32]

그리하여 마침내 입암은 여헌의 사상을 배태한 사유의 공간일 뿐만 아니라 「입암기立巖記」, 「입암십삼영立巖十三詠」, 「입암설立巖說」, 「입암정사기立巖精舍記」, 「만활당부萬活堂賦」 등 다수의 시문을 남긴 창작의 공간으로 승화되었다. 그 가운데서도 특히 주목되는 것은 여헌이 1597년에 지은 장문의 「입암기」인데, 여기서 그는 입암이란 바위를 둘러싸고 있는 28개의 경관을 골라 거기에다 낱낱이 이름을 붙였다.

다 알다시피 일정한 지역에 흩어져 있는 경관을 하나의 범주로 묶을 때는 중국의 소상팔경瀟湘八景과 무이구곡武夷九曲을 본뜬 '팔경八景'과 '구곡九曲'이란 명칭이 일반화되어 있다. 그럼에도 불구하고 여헌이 유달리도 입암을 구심점으로 한 28개의 경관을 선택하고 28경이란 명칭을 붙인 것은 북극성을 구심점으로 하여 사방으로 둘러싸고 있는 28개의 별을 의식한 결과다. 혐오스런 세속세계와는 멀리 떨어진 입암이란 공간에다 절대적인 평화와 자유가 항존하는 초월적 세계를 건설하고 싶었던 그는 세이담洗耳潭과 격진령隔塵嶺을 경계로 하여 그 안팎을 각각 선계仙界와 진세塵世로 구분하고, 선계와 진세에 사는 사람들을 각각 신선神仙과 범인凡人이라 명명하였다. 요컨대 여헌에게 있어서 입암 일대는 초월적 탈속 공간에다 독자적으로 세운 또 다른 차원의 세계, 또 다른 차원의 우주라고 할 수 있으며, 여헌은 이 초월적 정신왕국의 중심인 입암에 위치하고 있으면서 개결하고도 청정한 삶을 꿈꾸었던 인물이라고 할 수 있다.

여헌이 자리 잡으면서 첩첩산중 입암이 갑자기 이 일대 학문의 중심부로 탈바꿈하자 이곳으로 오고 가는 선비들의 발길도 바

빠졌다. 영천 출신으로 조선조 가사와 시조문학의 걸출한 대가였던 노계蘆溪 박인로朴仁老(1561~1642)도 바로 그 선비들 가운데 하나였다. 그는 임진왜란 때 의병으로 활약하면서 영천성 탈환에 기여한 뒤 무과에 합격하여 무인으로 벼슬살이를 하다가, 인생의 후반기에 입암으로 찾아와 여헌의 문하에서 학문을 닦았다.

반중盤中 조홍早紅감이 고와도 보이나다.
유자柚子 아니라도 품은 즉도 하다마는
품어가 반길 이 없을새 글로 설워 하나이다.

국어 교과서에 오랫동안 수록되어 있었기 때문에 대중의 상식이 되어 있는 시조 「조홍시가早紅柹歌」다. 이 시조는 한음 이덕형이 노계에게 홍시를 주었을 때 지은 것으로 알려져 왔으나, 최근 여헌이 입암에 있을 때 노계에게 홍시를 주었다는 사실이 김석배에 의하여 밝혀졌다. 그러니까 이 저명한 작품이 처음 울려 퍼졌던 곳도 바로 이 입암 땅이었던 셈이다. 그뿐만 아니라 노계는 입암에 머물면서 여헌이 명명했던 입암28경을 배경으로 한 가사 「입암별곡立巖別曲」과 시조 「입암이십구곡立巖二十九曲」을 남겼으며, 이 작품들은 모두 국문학사에서 어김없이 거론되는 약방의 감초다. 그 밖에도 여러 문인이 입암에서 적지 않은 시문들을 남겼으며, 특히 병와甁窩 이형상李衡祥은 입암28경을 답사하고 장문의 유산록遊山錄을 남긴 바도 있다. 이렇게 하여 입암 일대는 한국 사상사와 문학사에서 큰 비중을 차지하고 있는 의미심장한 공간으로 탈바꿈하게 되었거니와, 이런 일들이 모두 거기 여헌이 계심으로 해서 일어날 수 있었음은 말할 것도 없는 사실이다.

여헌이 별세한 지 20년 뒤인 1657년(효종 8), 입암에는 권극립의 아들로서 여헌의 제자였던 권봉權崶 등에 의하여 그를 모시는 입암서원(경상북도 기념물 제70호)이 세워졌다. 여헌의 뒤를 이어서 함께 학문을 닦았던 '영천의 네 벗' 이 모두 모셔진 이 서원은 오랫동안 이 지역 유학의 메카로 건재해 왔으나 1868년(고종 5) 대원군의 서원철폐령으로 허무하게 무너져 내렸다. 1913년 강당이, 1974년 사당이 복원되어 서원의 모습을 대충 갖추기는 했지만, 그 규모가 소박하다 못해 안쓰럽고 애틋할 지경이다.

무엇보다 먼저 서원의 출입문인 정문부터가 그렇다. 보통 서원의 정문은 문이 세 개로 이루어져 있으나 이 서원의 경우는 그 무슨 조그만 정자의 대문처럼 소박한 형태로 이루어져 있고, 이러한 점은 사당의 정문도 마찬가지다. 더구나 서원의 정문에는 '1965년 일하는 해 영일군' 이라는 흰 페인트 글씨가 아직도 남아 있어, "올해는 일하는 해 모두 나서라. 새살림 일깨우는 태양이 떴다" 로 시작되는 '일하는 해' 노래가 꼭두새벽부터 확성기를 통하여 방방곡곡에 울려 퍼진 해가 1965년이었음을 상기시켜 주고 있다. 어디 그뿐이랴. 그것은 또한 참 오랫동안 이 출입

여헌과 영천의 네 벗을 모신 입암서원. 왼쪽에 여헌이 심었다고 전해지는 향나무가 보인다.

문이, 나아가서는 이 서원 전체가 그대로 방치되어 왔음을 묵묵하게 증언하는 것이기도 하다.

정문을 들어서면 바로 서원 마당이다. 휴식과 풍류의 공간인 누각이 없는 것은 규모가 작은 서원이 지닌 어쩔 수 없는 운명이라 치더라도 강당 좌우에 거의 예외 없이 서 있기 마련인 동재東齋와 서재西齋 같은 기숙사도 없다. 보통 서원 건물에는 건물마다 현판이 걸려 있을 뿐만 아니라 같은 건물에 여러 개의 현판이 걸려 있는 경우도 흔히 볼 수 있다. 하지만 이 서원에는 서원 전체를 통틀어 보더라도 잘 쓴 글씨인지 못 쓴 글씨인지 좀처럼 구별이 잘 안 되는 '입암서원立巖書院' 현판 하나가 전부다.

그러나 이 서원의 강당 건물에는 눈여겨 볼만한 몇 가지의 건축학적 특징이 있다. 보통 서원의 강당은 마당보다 제법 높은 기단 위에 서 있고, 그 기단의 높이가 바로 서원의 권위와 위엄의 상징이기도 하다. 그런데 입암서원 강당의 경우는 기단이 아주 나지막하여 있다고 느끼기가 어려울 정도다. 일반적으로 서원의 강당 지붕은 맞배지붕이나 팔작지붕으로 처마의 양 끝이 위로 올라가면서 당당하고도 의젓하게 서 있기 마련이다. 그런데 이 서원의 강당 건물은 양쪽 지붕을 눈썹지붕처럼 낮추어 스스로의 위엄을 죽이고 있는데, 왜 이렇게 만들었는지 정말 알다가도 모를 일이다. 물론 실용성을 추구한 결과이기는 하겠지만, 강당 뒤쪽에 벽장 시설을 마련함으로써 뒤쪽에서 바라보면 벽장 부분만큼

불쑥 튀어나오게 마무리를 한 것도 서원 건물에서는 그 유례를 찾기가 힘들 것이다.

여헌이 강학하던 입암정사, 곧 일제당은 한말 한때 산남의진山南義陣이란 거대 규모의 의병진을 거느리던 의병장 정용기의 의병 거점으로 활용되었다. 그러나 1907년 9월 1일, 왜군과의 치열한 전투 끝에 정용기를 비롯한 40여 명의 의병들이 장렬하게 전사하는 절통한 사건이 일어나고 말았다. 비보를 듣고 급히 현장으로 달려갔다가 나뒹구는 시체의 부릅뜬 두 눈을 지켜보아야 했던 정용기의 아버지 정환직이 다시 의병장이 되어 눈부신 활약을 펼쳤다. 그러나 그도 같은 해에 청하에서 체포되어 영천 조양각 앞 강변으로 끌려와 부하와 함께 총살되는 비극이 또다시 일어났다. 이와 같은 전투의 와중에서 일제당은 1907년 불바다로 변하고 말았으며, 지금 있는 건물은 1914년에 다시 지은 것이다. 왜병들이 일제당에 불을 지를 때 같이 불을 질렀으나 불이 붙지 않았다는 전설을 간직하고 있는 여헌의 살림집 만활당도 근년에 새로 세워졌다. 서원 입구에는 여헌이 손수 심었다는 향나무(경상북도 기념물 제71호)와 몇 아름드리 은행나무가 언제 보아도 의연하게 서 있다. 그 언저리에 낙락장송 여남은 그루가 올망졸망 둘러서 있는 모습이 이심전심의 교감을 주고받는 여헌과 그의 제자들의 면면처럼 언제 보아도 다정스럽다.

입암서원, 일제당, 만활당 등은 모두 여헌이 그 아름다움을 그토록 극찬했던 입암 산수의 정점에 위치하고 있어 경관이 대단히 빼어나다. 특히 하늘이 시퍼렇게 멍든 11월 첫 번째 일요일, 이왕이면 해가 넘어갈 무렵에 입암을 지나 상옥 쪽으로 계곡을 거슬러 올라가 보면 온 동내 된장 고추장을 뒤범벅 해 처발라 놓은 듯한 환상적인 단풍이 입을 다물지 못하게 할 정도다. 게다가 눈 내리는 날의 그 몽환적인 설경을 구경하려면 평소에 착한 일을 많이 해야 하리라. 그러므로 여헌의 유적지를 둘러본 뒤엔 개울물에 발을 담그고 먼 산의 흰 구름을 한없이 오래도록 바라볼 일이다. 여헌이 이곳에서 했던 일 가운데서 그래도 우리가 흉내라도 낼 수 있는 일은 슬프게도 그것밖에 없으니까.

주

22) 이 부분은 『여헌집』, 『청천당집』, 『유헌집』, 『내 고향 전통가꾸기』, 허당 건물에 걸려 있는 현판에 수록된 내용 등을 바탕으로 하여 서술하였으며, 다음의 글을 참고하였다.
장인채, 『옥산연봉』(여헌학연구회, 2007).
23) 장현광, 「모원당기」.
24) 장현광, 「모원당기」.
25) 장현광, 「모원당기」.
26) 장대윤, 「過庭錄畧」.
27) 장현광, 「인의방설」.
28) 이 부분은 『여헌집』, 『한국민족문화백과대사전』, 『여헌연보』 등을 바탕으로 하여 서술하였다.

29) 장현광, 「不知巖精舍記」.

30) 장현광, 「不知巖精舍記」.

31) 이 부분은 『여헌집』, 『여헌연보』, 『여헌선생수찰』, 『한국민족문화백과대사전』 등을 토대로 하여 서술했으며, 다음의 글들을 참고하였다.
김학수, 「여헌 장현광의 은일적 삶과 『여헌선생수찰』」, 『한국 간찰 자료선집16－여헌선생수찰』(한국학중앙연구원, 2010); 이종문, 「입암28경의 위치에 대한 재검토」, 『한국학논집』 39집(계명대 한국학연구원, 2009); 김동욱, 「조선중기 은거선비의 집터와 별자리의 관계」, 『建築歷史硏究』 제10권 2호(2001); 김석배, 「朴仁老의 早紅柹歌 硏究」, 『문학과 언어』 제27집(2005).

32) 장현광, 「立巖精舍記」.

♣ 입암28경의 위치

여헌에 의하여 입암28경이 선정되고 명명된 지 400년이 넘는 세월이 지났으므로 28경의 산수 자연도 원래의 모습과 같을 수는 없다. 하지만 근본적인 변화가 없는 것이 대부분이어서 28경의 위치를 설명해 둔 여헌의 「입암기立巖記」를 들고 현장을 답사해 보면 거의 대부분 그 위치를 정확하게 비정할 수 있다. 그러므로 김사엽 등 여러 명의 학자들이 그림이나 지적도를 통해 해당 장소를 표시한 바 있다.

그런데 참으로 이상한 것은 이분들이 가리키는 28경의 위치가 상호간에 매우 많은 차이가 있을 뿐만 아니라 여헌이 「입암기」에서 설명한 위치와도 여러모로 다르고, 거의 모든 그림과 설명이 공통적으로 오류를 범하고 있다고 판단되는 경우도 대단히 많다는 점이다. 입암28경을 소개하고 있는 각종 인터넷 정보나 오늘날 입암 일대의 등산로에 세워진 안내판 등에 적지 않은 오류가 나타나고 있는 것도 바로 과거 연구가 지닌 이와 같은 오류들을 무비판적으로 수용한 결과라고 판단된다. 그러므로 여기서는 여헌이 지적한 28경의 위치를 그림과 지도를 통하여 간명하게 표시하여 두고자 한다.

(1) 입암立巖
(2) 계구대戒懼臺(입암 오른쪽 뒤)
(3) 기여암起予巖(일제당 뒤)
(4) 우란재友蘭齋(일제당)
(5) 상두석象斗石(계구대와 우란재 앞에 있는 큰 바위들)
(6) 답태교踏苔橋(계구대에서 내려와 경심대로 가는 길)
(7) 경심대鏡心臺(수어연 바로 위의 암반)
(8) 수어연數魚淵(경심대 아래 암반 사이로 물이 고인 곳)

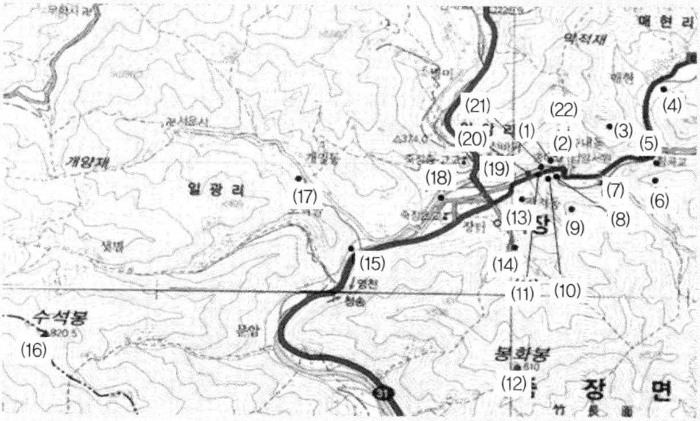

(1) 입암立巖
(2) 계구대戒懼臺
(3) 토월봉吐月峯(계구대 동쪽 봉우리)
(4) 심진동尋眞洞(입암 상류 골짜기)
(5) 욕학담浴鶴潭(입암 상류 800m 계곡)
(6) 산지령産芝嶺(토월봉 오른쪽 봉우리)
(7) 상엄대尙嚴臺(피세대 상류 200m 계곡)
(8) 피세대避世臺(구인봉의 동쪽 벼랑)
(9) 함휘령含輝嶺(산지령 오른쪽 봉우리)
(10) 구인봉九仞峰(계구대 건너편 작은 봉우리)
(11) 야연림惹烟林(죽장 삼거리에서 입암 가는 길을 따라 서 있었던 숲)
(12) 정운령停雲嶺(함휘령 오른쪽 멀리 보이는 높은 봉우리)
(13) 경운야耕雲野(죽장면 소재지에서 입암 방향 오른쪽 들)
(14) 채약동採藥洞(죽장면 소재지 남쪽 골짜기)
(15) 세이담洗耳潭(초은동 어귀)
(16) 격진령隔塵嶺(보현산 줄기인 수석봉을 중심으로 한 능선)
(17) 초은동招隱洞(일광리 게일마을)
(18) 조월탄釣月灘(죽장교회 뒤편 시내)
(19) 합류대合流臺(입암 1교와 입암 2교 사이에 있었으나 다리 공사르 파손,
다리 뒤에 산의 뿌리가 남아 있음)
(20) 화리대畵裏臺(입암 하류 100m)
(21) 향옥교響玉校(입암 바로 아래 다리 언저리)
(22) 소로잠小魯岑(계구대 북쪽 절 뒷산)
* 물멱정勿冪井(기여암 부근에 있었으나 정확한 위치 미상)

제4장 종가의 의례와 종손 · 종부의 삶

1. 종가의 의례[33]

내 목을 자를 수는 있을지언정 내 머리카락을 자를 수는 없다.

다 알다시피 1895년 단발령을 내리고 백성들에게 강제로 머리를 깎게 했을 때, 백성들은 이렇게 외치면서 범국민적인 저항을 했다. '우리 몸에 있는 모든 것은 부모로부터 물려받은 것이므로 그것을 잘 보존하는 것이 효도의 시작' 이라는 유교적 윤리에 투철하였던 당시 사람들의 입장에서 보면 머리카락조차도 도저히 함부로 자를 수가 없었던 것이다. 한훤당 김굉필이 목을 잘리는 형벌을 당하면서, 목이 잘리더라도 그 수염까지 잘리게 할 수는 없다면서 수염을 간추려서 입에 물고 처형장에 나갔던 것도 바로 이 때문이다.

그러나 20세기 이후에 급격하게 전개된 사회적 변화는 우리나라 사람들로 하여금 모두 머리를 자르지 않을 수 없도록 했다. 100년 전에는 모두 수염을 길렀으나 지금 수염을 기르는 사람은 기인 정도로 취급을 당한다. 100년 전에는 모두 갓을 쓰고 다녔으나 지금은 아무리 둘러봐도 갓을 쓰고 다니는 사람이 없다. 모든 것이 이와 같이 변하는데, 아무리 법도가 삼엄한 종가라고 하더라도 의례가 변하지 않을 수 없다. 대표적인 의례인 관혼상제冠婚喪祭의 경우만 하더라도, 그것이 아무리 옛날의 좋은 전통이라 하더라도 무조건 그대로 다 지킬 수는 없으며, 그대로 지켜서 될 일도 아니다.

이와 같은 사정은 여헌종가도 마찬가지여서 사례 가운데 관례나 혼례, 상례 등의 형식과 절차는 이미 옛 모습을 대부분 상실했거나, 과거와는 많이 달라져 버렸다. 하지만 그 가운데 제례의 경우는 아주 미세한 변화에도 불구하고 과거의 형식과 절차를 거의 그대로 보존하고 있으므로, 여기서는 종가의 의례들 가운데 제례에 대해서만 서술하기로 한다.

1) 자나 깨나 제사 생각

여헌종가에서 지내는 제사에는 크게 불천위不遷位인 여헌의 제사(음력 9월 7일) 및 불천위의 배위配位인 서원정씨 제사(음력 7월 18일)와 야로송씨 제사(음력 12월 12일), 기제사忌祭祀, 차사茶祀, 묘사墓祀 등이 있다. 기제사는 1년에 모두 10번이다. 우리나라에서는 원래 사대봉사四代奉祀, 곧 4대에 걸쳐서 제사를 받들므로 남성과 여성을 합하면 기본적으로 모두 8번의 제사를 지내야 한다. 그런데 여헌종가의 경우는 4대 안에 부인을 두 번 맞은 경우가 한 번 있었고, 현재 종손의 어머니는 계시지만 아버지는 돌아가셨기 때문에 아버지의 제사가 다시 추가되었다. 10번의 통상적인 기제사에다 불천위 및 불천위의 배위配位 등 세 분의 제사를 합하면 제사가 13번으로 늘어나게 된다. 여기다가 설과 추석에 지내는 차사를 합하면 제사가 모두 15번이다. 다시 거기에다 음력 10월 10일에 묘사를 지내는 여헌의 묘소 등 남산파의 파조 이래 20대에 걸친 묘사를 합하면 제사의 숫자는 기하급수적으로 늘어날 수밖에 없다.

이 엄청난 숫자의 제사들 가운데 1년에 두 번 지내는 차사는 사당에서 열 분의 대상자들에게 한꺼번에 지내는 것이기 때문에 상대적이나마 부담이 적은 편일 수도 있다. 묘사의 경우는 남산파南山派 종회宗會에서 그 수많은 묘소의 벌초를 담당하고 제수까지 마련하여 함께 묘사를 지낸다고 하니 생각만큼 큰 부담이 아닐지 모르나, 아무리 그래도 종가에서 짊어져야 할 정신적인 부담까지 종회가 모두 대신해 줄 수는 없을 것이다. 게다가 종가의 대청에서 지내는 10번에 달하는 기제사의 경우는 완전히 종가가 짊어져야 할 몫이다. 3번에 걸친 불천위 및 불천위 배위의 제사는 경비 지원 및 제수 마련, 제사 준비 등이 문중에서 정한 유사의 주도로 이루어진다고 한다. 하지만 제사를 종택에서 지낼 뿐만 아니라 종손이 제사의 중심이므로 결국은 종가가 짊어지지 않을 수 없는 몫이다. 더구나 불천위 제사의 경우 참석자가 보통 30~40명, 많을 때는 거의 100명에 육박하므로 제사의 규모가 이만저만이 아니고, 그만큼 부담이 더 커질 수밖에 없는 상황이다.

이처럼 부담이 큰 제사가 많으므로 여헌가의 종손과 종부는 제사와 더불어 살고 제사와 더불어 죽는다고 해도 과언이 아닐 정도로 제사 생각이 떠날 날이 없다. 종부 김봉연의 말이다.

"제사가 많다가 보니까, 제사라 카는 생각은 머리에 항상 배

여헌의 신주 등 조상들의 신주를 모시고 있는 사당. 여헌종가의 사당은 1650년(효종 1)에 세워졌다고 하지만, 현존하는 사당은 2005년에 완전 해체하고 새로 지은 것이다.(제공: 영남문화연구원)

불천위 제사 때 제기에 쌓아 올린 떡. 본편을 제외하고 웃개이, 즉 잔편만 하더라도 7가지를 만들어야 하며, 여헌이 만년에 치아가 좋지 않아 호박떡을 즐겨 드셨다고 하여 호박떡을 올리는 것도 필수라고 한다.(제공: 영남문화연구원)

어 있거든요. 한 달에 세 번 지낼 때도 있었어요. 제사가 들면 마음가짐부터 달라지지요."

하지만 제사가 들면 마음가짐만 달라지는 것이 아니라 몸도 바빠지지 않을 수 없다. 제사가 들기 열흘 전부터 안방에다 시루를 놓고 아침저녁으로 물을 주면서 콩나물을 키워야 한다. 그러니까 제사의 실질적 준비는 제사 열흘 전부터 이미 시작이 되는 셈이고, 마음의 준비는 그보다도 훨씬 먼저 시작되는 것이다. 제사상에 올릴 떡을 만드는 일도 그렇다. 디딜방아로 떡을 하기 위한 쌀을 찧는 데 꼬박 하루, 떡고물을 준비하는 데 하루, 떡을 하는 데 또 하루가 걸린다. 떡의 종류도 참 다양하여 본편은 차치해두고라도 본편 위에 올리는 웃개이, 즉 잔편만 하더라도 7가지나 된다. 제사에 참석하는 수많은 사람들, 경우에 따라서는 여러 날을 묵고 가는 친척들을 먹이고 재우는 일도 보통 일이 아님은 말할 것도 없다. 게다가 그 다음날 아침에 제사 음식을 동네 집집마다 날라야 하고, 이웃의 노인들을 초대하여 음식을 대접해야 한다. 물론 모든 것이 편리해진 요즘에는 상황이 많이 달라지긴 했지만, 아무리 편리해져도 제사는 역시 제사다. 그러므로 한 달에 한 번 꼴로 제사가 들고 보면 자나 깨나 제사를 생각하지 않을 수가 없는 것이다.

2) 여헌종가 불천위 제사, 이런 부분이 남다르다네

여헌종가의 불천위 제사도 다른 집안의 불천위 제사와 대동소이大同小異하다. 여기서의 '대동'은 제사의 전반적인 절차와 흐름을, '소이'는 그러한 가운데서도 눈에 띄는 세부적인 차이를 말한다. 그러므로 대동은 우리 모두가 대체로 알고 있는 그대로다. 게다가 이미 불천위 제사를 중심으로 한 여헌가의 제사 절차가 『종가문화연구』에 자세하게 정리되어 있기도 하므로 이 자리에서 대동을 지루하게 언급할 필요는 없을 것 같다. 따라서 여기서는 소이와 함께 바로 그 소이가 지닌 의미를 탐색하는 데 초점을 맞추어 보기로 한다.

여헌종가의 제사가 다른 집안 제사와 다른 점은 제수를 진설하는 과정에서부터 미묘하게 드러나기 시작한다. 예컨대 신주 앞에 밥과 국을 번갈아 가며 놓는 것이 일반적이지만, 사진에서 보다시피 여헌종가에서는 밥은 밥끼리 국은 국끼리 나란히 놓고 있다. 아무리 신이 드신다고 하더라도 불편하지 않을 수가 없는 구조다. 장인채 님(82세)에게 그 이유를 물었더니 그분은 이렇게 대답했다.

"『상례비요喪禮備要』라는 책의 진설도를 살펴보면 밥은 밥끼리 국은 국끼리 진설하는 것으로 되어 있습니다. 그러니까 여헌종가에서는 바로 이 책의 진설도에 따라 진설하고 있는 것이지요. 드시기에 불편하다는 것도 어디까지나 살아 있는 사람을 기준으로 한 생각입니다. 적절한 말일지는 모르겠습니다만 신은 먹는 것이 아니라 '응감應感'을 하신다고 생각해 보면 이해가 될 수도 있을 것입니다."

그러니까 거의 대부분의 집안에서 국과 밥을 번갈아 놓고 있는데도 여헌종가에서는 과거 문헌의 기록에 따른 집안의 오랜 전통을 그대로 준수하고 있는 셈이다.

제사에서 신에게는 술을 올리지만, 현주玄酒라고 부르는 깨끗한 물을 병에 담아서 제사상 밑에 놓아두는 것도 여헌종가 제

불천위 제사에 차려진 제수들. 신주 왼쪽에 여헌과 두 배위 분이 드실 밥 세 그릇이 나란히 놓여 있다. 국 세 그릇은 신주의 오른쪽에 놓여 있다. 병풍에는 여헌의 「인의방설」이 적혀 있으며, 서예에 조예가 깊었던 전 종손 장철수가 쓴 것이다.(제공: 영남문화연구원)

사의 남다른 점이다. 역시 장인채 님에게 그 이유를 물었더니, 그는 여헌의 제자인 경암敬菴 노경임盧景任(1569~1620)의 「현주변玄酒辨」이라는 글에 나온다면서 다음과 같이 설명을 했다.

"옛날 사람들은 순박하여 술을 담글 줄 몰랐습니다. 그러므로 제사를 지낼 때 물을 올렸는데, 이것을 현주라고 불렀지요. 후대에 술이 발명된 뒤에는 제사 때 물 대신 술을 올렸습니다. 하지만 그래도 옛날처럼 물을 올리기도 했는데, 이왕이면 옛날 제도를 계승하겠다는 뜻이 포함되어 있는 거지요."

신이 제수를 드시는 동안 병풍을 앞뒤로 둘러치는 것도 아주 특이한 장면이다. 제상 뒤에 병풍을 치는 것이야 다들 그렇게 하고 있지만 제상 앞에 병풍을 치는 경우는 이제까지 보지 못했다. 그런데 여헌종가에서는 전 종손 장철수가 여헌의 「인의방설」을 쓴 병풍 두 틀을 마련해 두었다가, 한 틀은 병풍 뒤에다 치고, 다른 한 틀은 신이 제수를 드실 때 제상 앞으로 둘러친다. 신이 편안한 마음으로 식사를 하실 수 있도록 보다 섬세하게 배려를 하는 것일 터이다.

여헌가의 제사가 지닌 가장 큰 특징 가운데 하나는 남성을 중심으로 하여 제사가 진행되는 측면이 상대적으로 매우 강하게 느껴진다는 점이다. 물론 어느 집이든지 간에 제사가 남성 중심으로 진행되고 있다는 것은 부정할 수 없는 사실이다. 제사 음식을 만드는 사람은 여성이지만 제상 위에 제수를 올리는 사람은

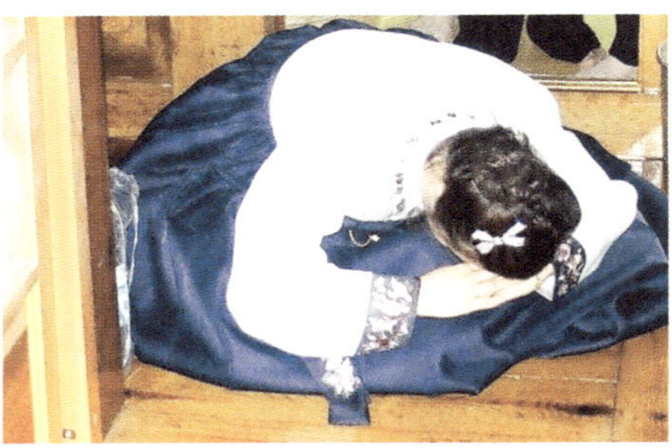

여헌의 불천위 제사에서 안방 입구 대청 모퉁이에서 절을 올리고 있는 종부. 제사상 정면에 나와서 절을 하지 않는 것은 불천위 제사의 참석자 가운데 다른 집안사람도 있을 수 있기 때문이다. 그러니까 남녀를 엄격히 구분하는 것이 오랜 전통이다.

남성이고, 집사執事와 축관祝官 등 제사를 집행하는 사람들도 모두 남성이다. 종손 다음으로 술을 올리는 종부를 제외한 나머지 여성들은 그저 절을 같이 하는 정도의 수동적인 참여가 대부분이다. 게다가 집안에 따라서 여성들은 제사상이 보이지 않는 안방에서 제사를 지내는 경우도 있다. 이렇게 되면 제사상 앞에서 이루어지는 제사의 진행 과정을 자세히 알 수가 없고, 따라서 여성들의 제사 참여가 아무래도 수동적일 수밖에 없다.

이와 같은 일반적 상황을 충분히 감안한다 하더라도 여헌종가의 남성 중심 제사는 다소 각별한 측면이 있다. 제사에서 읽는 축문祝文부터가 그러한데, 이를 효과적으로 설명하기 위해서는 보편적인 축문의 형식에 대한 최소한의 이해가 필요하다. 그러므로 다소 지루하고 딱딱한 내용이 될 수도 있겠지만, 제사 때마다 축을 읽는 소리를 들으면서도 그 내용을 잘 모르는 사람이 더러 있을 수도 있으므로, 번역을 곁들여서 소개하기로 한다.

　維歲次庚寅十月辛卯朔十七日丁未孝孫○○敢昭告于

顯祖考學生府君

顯祖妣孺人密陽朴氏歲序遷易

顯祖考諱日復臨追遠感時不勝永慕

　謹以淸酌庶羞 恭伸奠獻 尙

饗

해의 차례는 경인년, 초하루 날짜가 신묘날인 10월, 17일 정미날에 대를 이은 손자 ◯◯은 감히 할아버지 학생 부군과 할머니 유인 밀양박씨에게 밝게 아뢰나이다. 해가 바뀌어서 할아버지의 제삿날이 다시 돌아옴에 조상을 흠모하고 때에 느껴 영원토록 사모하는 마음을 이길 수가 없어서 삼가 맑은 술과 여러 가지 음식을 공손히 제수로 올리오니, 흠향하시옵소서!

위의 서식은 이렇다 할 벼슬을 한 적이 없는 할아버지의 제사에서 사용하는 축문의 보편적인 형식이다. 보다시피 제사를 지내는 주체가 음식을 드시라고 아뢰는 대상은 할아버지와 할머니 두 사람이고, 그 두 사람에게 동시에 아뢴다. 그런데 여헌종가의 경우에는 축문의 형식이 사뭇 다른데, 그 내용을 살펴보면 다음과 같다.

維歲次庚寅十月辛卯朔十七日丁未孝孫◯◯敢昭告于
顯祖考學生府君歲序遷易諱日復臨追遠感時不勝永慕謹以清酌
庶羞恭伸奠獻謹以
顯祖妣孺人義城金氏配食 尙
饗

해의 차례는 경인년, 초하루 날짜가 신묘날인 10월, 17일 정미날에 대를 이은 손자 ◯◯은 감히 할아버지 학생 부군에게 밝게 아뢰나이다. 해가 바뀌어서 제삿날이 다시 돌아옴에 조상을 흠모하고 때에 느껴 영원토록 사모하는 마음을 이길 수가 없어서 삼가 맑은 술과 여러 가지 음식을 공손히 제수로 올리면서, 삼가 할머니 유인孺人 의성김씨께서도 함께 드시게 하였사오니, 흠향하시옵소서!

앞에서 이미 언급한 것처럼 일반적으로 할아버지 제사든 할머니 제사든 축문에서 아뢰는 대상은 할아버지와 할머니 두 분이다. 그런데 보다시피 여헌종가에서는 아뢰는 대상이 할아버지 한 분뿐이다. 이날이 할아버지의 제삿날이기 때문에 우선적으로 할아버지에게 아뢰는 것이겠지만, 할아버지와 할머니에게 함께 아뢰는 여느 집안의 경우와는 확실히 다르다. 물론 축문의 맨 뒷부분에 '할머니도 함께 드시라' 는 내용이 첨부되어 있으므로 할머니에 대한 배려가 없는 것은 아니지만, 이렇게 될 경우 할머니의 존재가 아무래도 부수적으로 느껴질 수밖에 없다. 번거로움을 피하기 위하여 생략했지만, 축문이 지닌 이와 같은 형식은 제사를 지내기 위하여 사당에서 신주를 모셔올 때 고유告由하는 글에서도 그대로 드러나는 현상이다.

제사를 지낼 때 제사의 대상이 되는 주인공만을 모시는지 배우자를 함께 모시는지도 주목되는 사항이다. 이에 대해서는 과거의 문헌에도 당사자 한 분만 모시는 것으로 되어 있는 경우도 있고, 배우자를 함께 모신다고 되어 있는 경우도 있다. 그러므로 지금도 당사자 한 분만 모시는 집안도 더러 있기는 하지만, 거의 대부분의 집안에서 당사자와 배우자를 함께 모시고 있다.

그런데 여헌종가에서는 이 점에 있어서도 아주 특별한 면모를 보여 주고 있다. 왜냐하면 남성의 제사 때는 그 부인의 신주를 함께 모시지만, 여성의 제사 때는 그 남편을 모시지 않고 여성만을 단독으로 모시기 때문이다. 결국 여성은 1년에 두 번씩 제사 음식을 자시게 되지만 남성은 한 번밖에 자시지 못하게 되며, 따라서 남성의 입장에서 보면 불평등이라도 이만저만한 불평등이 아니다. 그러나 어느 쪽이 불평등인지를 함부로 속단해서는 안 된다. 한 종인의 설명에 의하면 그 이유가 다소 뜻밖이기 때문이다.

"남편의 제사에 아내를 함께 모시는 것은 한 마디로 말해서 부창부수夫唱婦隨입니다. 바늘이 가는 곳에 실이 따르듯이, 남편이 가는 곳에 아내가 뒤따라야 되지 않겠습니까."

"그렇습니다. 저도 그것은 알겠습니다. 그런데 여성의 제사 때 남편을 모시지 않는 이유는 무엇인지요?"

"그것도 그야말로 부창부수, 남편의 뒤를 아내가 따라가야 하기 때문입니다. 남편이 가는 데 아내가 따라가는 것은 당연하지만, 아내의 뒤를 남편이 따라갈 수는 없는 일이지요."

사정이 이렇고 보면 불평등 대우를 받는 사람은 차별대우를 받는 남편이 아니라 특별대우를 받는 아내 쪽일 수도 있다. 요컨대 1년에 제삿밥을 두 번 자시더라도 아내는 차별대우를 받고, 제삿밥을 한 번밖에 못 자시지만 남편은 특별대우를 받는다고 볼 수도 있는 것이다.

오늘날의 기준으로 보면 이와 같은 일련의 현상들은 이른바 양성평등兩性平等이라는 시대의 흐름에 맞지 않는 것으로 생각된다. 그러나 한 종인의 설명을 들어보면 제사의 과정에서 나타나는 이 양성 간의 불평등을 꼭 고쳐야 하는지도 의문이다.

"유가의 문화는 지금 급격하게 소멸의 길을 걷고 있습니다. 이제 살아남아 있는 것이 거의 없지 않습니까. 그런 점에서 유림장儒林葬이나 서원과 향교의 향사, 불천위를 모시는 종가의 제사 등은 이제 전통문화의 차원에서도 보존되어야 합니다. 그러니까 현재적 기준으로 볼 때 다소간의 문제가 있다고 하더라도 지금 간신히 남아 있는 유가의 문화는 전해오는 그대로 보존할 필요가 있는 것이지요."

듣고 보니 그런 것 같기도 하다. 우리가 인간문화재를 보호하는 것도 그들이 보유하고 있는 문화가 모두 이 시대의 상황과 정신에 부합하기 때문만은 아니다. 설사 시대의 상황과 정신에 맞지 않는 측면이 있다고 하더라도 그들이 사라지면 그들과 관련된 과거의 문화가 한꺼번에 사라져 버리기 때문에, 과거 문화를 보존한다는 차원에서도 그들을 보호할 필요가 있는 것이다. 같은 맥락에서 생각해 볼 때, 만약 종가의 제사마저 모두 현대식으로 고친다면 유가의 전통문화를 확인할 수 있는 곳도 거의 완전히 사라지게 될 터다.

우리가 이 대명천지에 하회탈춤에 등장하는 초랭이와 이매 등 하인을 그대로 두는 것도 과거의 신분제를 인정하기 때문이 결코 아니다. 하인을 없애고 나면 그것이 더 이상 하회탈춤일 수가 없기 때문에 옛날에 하던 대로 탈춤놀이를 계속하고 있는 것이다. 이렇게 생각한다면 제사에 참여하는 여성들도 불평을 늘어놓을 필요가 없을 것 같기도 하다. 하회탈춤에 하인의 역할을 맡아 출연하는 사람이 자신이 하인이라고 불평을 늘어놓는 일이 없듯이, 여성들도 과거 유교문화의 계승자로서 자신이 맡은 역할에 따라 제사에 참여하는 것이니까.

그러나 아무리 그렇다고 하더라도 실제와 놀이 사이에 엄연히 놓여 있는 간극間隙을 어떻게 설명할 수 있겠는가?

3) 지켜야 할 것은 지켜야지요

시대의 급격한 변화에도 불구하고 우리나라의 유가에서는 대체로 대대로 내려오는 전통을 그대로 지키려는 경향이 강하다. 그러다보니 전통문화에 다소 문제가 있다고 하더라도 함부로 수정해 버리기보다는 단호하고도 확실하게 계승하려는 분위기가 일반화되어 있으며, 이 점은 여헌종가의 제사의 경우도 예외가 아니다. 여헌가의 제사에는 젊은 세대들의 참여를 어렵게 하는 요소들이 적지 않은데, 이런 부분들도 앞으로도 그대로 계승될 것 같은 분위기다.

종손이 신에게 술을 올리고 엎드리면 축문을 읽는 역할을 맡은 축관이 축을 읽는 소리가 낭랑하게 울려 퍼진다. 유우 세에 차아아~

제사의 도처에 남아 있는 한문문화적인 분위기부터가 그렇다. 물론 종갓집이라면 아직까지는 거의 대부분 그렇겠지만, 여헌종가에서도 '유세차維歲次'로 시작되는 어려운 한문으로 이루어진 축문을 제삿날 저녁에 많은 사람이 둘러보는 가운데 백지 위에다 붓으로 쓴다. 제사 때 축관이 낭랑하게 읽어도 그 내용을 모르는 젊은이들이 분명히 있다는 것을 여헌가 사람들도 잘 알고 있다. 백지에다 붓으로 축문을 쓸 수 있는 사람이 기하급수적으로 줄어들게 되리라는 것도 물론 잘 알고 있을 것이다. 그럼에도 불구하고 그들은 조상 대대로 이어 온 전통을 굳게 고수하려고 하고 있는 것이다.

제사의 식순도 대단히 복잡한 데다, 그 식순을 적은 홀기笏記의 내용도 온통 한문투성이다. 제사 과정 중의 하나인 강신례降神禮의 첫 대목을 예로 들어 보자.

◯ 主人詣香案前跪 주인은 향을 얹는 책상 앞에 나아가 꿇어앉으시오.
◯ 奉香奉香盒 향을 드는 역할을 맡은 분은 향 그릇을 받드시오.
◯ 奉爐奉香爐奠于卓子上 향로를 드는 역할을 맡은 분은 향로를 받들어 탁자 위에 놓으시오.
◯ 獻官焚香 헌관은 향을 피우시오.

제사의 전 과정을 마치기 위해서는 이와 같은 절차를 무려 110단계 남짓을 거쳐야 한다. 강신례의 경우만 하더라도 거쳐야 할 절차가 모두 21단계나 되는데, 위에서 든 것은 그 가운데 첫머리의 4단계다. 이해의 편의를 도모하기 위하여 번역을 붙여 놓았지만, 실제 제사에서는 번역문을 읽는 것이 아니라 한문만을 낭랑하게 읽으므로 제사문화에 익숙하지 않은 젊은이들은 지금 어떤 절차가 진행되고 있는지 잘 알 수가 없다. 따라서 각 절차가 지닌 의미를 이해할 말미를 가지지 못한 채 우왕좌왕할 수밖에 없다. 주변의 눈치를 살피다가 남이 절을 하면 따라서 절을 하는 사람들이 더러 생기게 되는 이유가 바로 여기에 있다. 그러나 필자의 이와 같은 생각에 대하여 한 종인은 다음과 같은 반론을 폈다.

"사찰에서도 수백 년 동안 그 뜻을 알 수 없는 범어梵語 경전을 그대로 읽고 있지 않습니까."

제사 때 입는 복장도 그렇다. 여헌종가의 불천위 제사 때는 가물에 콩 나듯이 양복을 입은 사람이 있다. 그러나 도포를 입고 유건을 쓰는 사람이 압도적 다수를 이루고 있으므로 양복 입은 사람은 아무래도 어색할 수밖에 없다. 더구나 여헌을 모신 동락서원에 향사를 지낼 때 도포와 유건을 갖추지 않은 사람은 복장을 제대로 갖추지 못했다는 이유로 사당에 들어갈 수 없게 되어 있다. 제사나 향사에 참여하기 위하여 도포와 유건을 갖추려면 적지 않은 돈이 필요하다. 게다가 도포와 유건은 일반적으로 1년에 서너 번 입을 정도로 사용 빈도가 낮은 데다가 관리하기도 참 어렵다. 이미 양복에 익숙해진 젊은이에게는 여러모로 불편하기도 하다. 그럼에도 불구하고 한 종인의 말을 들어 보면, 여헌가의 불천위 제사나 서원 향사 때 이와 같은 복장이 앞으로도 계속될 것 같다.

"승려와 신부들도 승복僧服과 법복法服을 불편 없이 입고 있고, 대학교 졸업식에 참석하는 교수들과 졸업생들도 모두 서양문화에서 온 가운을 입고 있습니다. 가운도 역시 구입 비용이 만만

치 않을 겁니다. 1년에 딱 한 번 입으니 사용 빈도가 도포보다도 더 낮은 것은 물론이고, 관리하기 어렵고 불편하다는 측면에서도 도포와 다를 것이 없을 겁니다. 게다가 동락서원 향사의 경우 미처 복장을 갖추지 못하고 온 사람을 위하여 다수의 도포를 미리 마련해 두고 있습니다. 옷이 없어서 향사에 참석하지 못하는 경우가 생기지 않도록 사전에 대비를 해 두고 있는 거지요."

물론 공감되는 부분이 없는 것은 아니다. 하지만 시대 상황의 변화에 발맞추어 보다 능동적으로 변화하지 않으면 문화 전체가 총체적 위기에 직면할 가능성이 있는 것도 사실이다. 예컨대 지금 각 가정의 제사에서는 축祝을 쓰지 않는 경우가 태반인데, 그 이유는 대부분의 집안에 축을 쓸 줄 아는 사람이 없기 때문이다. 한문으로 된 축을 써서 읽을 수 있는 한문학적 소양을 갖춘 사람이 없는 집안에서는 아무리 축문화를 유지하고 싶어도 유지할 수 있는 방법이 없다. 이러한 집안이 급속도로 확산되면서 축문화가 총체적인 위기 상황을 맞고 있는 것이다. 따라서 축이라는 좋은 문화를 후대에 전하기 위해서는 축문화의 변화가 필요하다. 누구나 쓸 수 있고 누구나 그 내용을 이해할 수 있도록 한글로 된 축을 만들고, 붓글씨를 강요할 것이 아니라 컴퓨터로 찍어서 사용하는 것도 허용해야 축이라는 문화가 후대에 전승될 수 있을 것이다. 한문으로 된 홀기도 마찬가지다.

일찍이 중국의 시인 소식蘇軾이 말한 것처럼, 우리는 어차피

신주를 모셔 오는 의식을 거행하기 위하여 유건을 쓰고 도포를 입은 참석자 전원이 옷매무새를 바로하고 사당으로 올라가고 있는 모습

거대한 맷돌 위에 있는 개미와도 같은 존재다. 개미가 저 아무리 왼쪽으로 가려 해도 맷돌자루를 잡은 사람이 오른쪽으로 돌리고 있는 것을 개미가 어떻게 할 수 있겠는가. 물론 여헌종가에 국한된 이야기가 아니라 우리나라 유가 전반에 해당되는 이야기가 되겠지만, 시대의 흐름상 지속하기가 극히 어려운 전통을 이렇게 끝까지 지켜야 할까? 이와 같은 의문에 대해 한 종인은 다음과 같은 의견을 내놓았다.

"전통을 그대로 지키려고 하면 오히려 전통이 위기를 맞는다는 말씀에 동의합니다. 물론 걱정도 많이 되고요. 하지만 이미 시대의 흐름이 집집마다 전통을 지키기는 어렵게 되어 버렸고,

무너져 버린 전통을 되돌린다는 것은 사실상 불가능합니다. 그러므로 집안마다 그 집안의 개별적 사정대로 할 수밖에 없는 일이지요. 하지만 그래도 끝까지 지켜야 할 영역이 분명히 있습니다. 적어도 불천위가 있는 집안의 제사, 서원이나 향교의 향사 등 유림儒林이란 이름을 걸고 하는 일만큼은 옛날 그대로의 정확한 절차와 법도에 따라서 정식으로 해야 하지 않을까요? 시대의 흐름이란 명분 아래 이와 같은 특수 영역마저도 하나씩 하나씩 양보해서 차례대로 바꾸어 나가다 보면 결국 유가의 문화는 다 망하고 마는 것이 아닐까요?"

4) 참 숙연하기도 한 불천위 제사

여헌종가의 불천위 제사도 기본적인 절차나 흐름이 기제사와 크게 다를 바가 없다. 다만 한 치의 오차도 있어서는 안 되므로 철저한 사전 준비를 통하여 더욱더 성대하고 숙연하게 지낸다는 점이 차이라면 중요한 차이가 될 것이다. 우선 불천위 제사는 넓은 범주에서 보면 문중 행사이므로, 제사를 준비하기 위한 유사들을 문중회의를 통하여 뽑으며, 뽑힌 유사들은 사전에 제수감을 준비한다. 유사들은 제사 전날부터 종택에 모여 종가 사람들과 함께 제수를 마련한다.

제삿날 저녁 무렵이 되면 종택은 제사에 참석하는 사람들로

발 디딜 틈을 찾기가 어렵다. 보통 제사에 참석하는 사람이 30~40명 정도라고 하지만, 작년 불천위 제사의 경우에는 거의 100명에 가까워 보였다. 서울 거리에 두루마기를 입고 갓을 쓴 사람이 세 사람만 나타나도 기자들이 취재를 하려고 달려드는 세상에, 거의 100명에 가까운 사람들이 유건을 쓰고 도포 자락을 휘날리면서 한자리에 모여 있는 모습은 그 자체로서 일대 장관이었다.

저녁 7시경에 종택의 안채 대청마루에다 병풍을 치고, 7시 30분경 제사상에 1차 진설을 시작한다. 진설도陳設圖에 따라서 갖가지 제수들이 제상에 오르기 시작하는데, 제기는 작은데 그 위에 놓인 제수들은 아득하게 높아서 하늘 높은 줄은 잘 알고 있지만 땅 넓은 줄은 모르는 형국이다. 제수를 만들 때도 온갖 정성을 기울였겠지만, 제수를 제기에 쌓아 올릴 때도 대추나 밤, 은행 알 하나하나에 이르기까지 극진한 정성을 다하지 않고서는 이럴 수가 없었을 터다.

1차 진설이 끝나고 나면 8시 반경에 사당으로 가서 신주를 모셔 오는 행사가 진행된다. 종택 어귀 산기슭에 서 있는 정면 3칸 측면 1칸의 조그만 맞배지붕 건물이 바로 사당인데, 이 사당에는 불천위인 여헌 선생 내외분과 종손이 제사를 지내고 있는 4대의 신주가 왼쪽부터 차례대로 모셔져 있다. 바로 이 사당으로 참석자 전원이 도포를 입고 한 줄로 서서 계단 하나마다 두 발을 디디면서 사당으로 올라가는 모습은 참 경건하고도 아름답다.

이때부터는 홀기笏記에 적혀 있는 절차를 따라 엄숙하게 순서가 진행된다.

◯ 主人以下序立于廟廷 주인 이하는 사당의 뜰에 서시오.

◯ 執事者啓廟門 집사는 사당의 문을 여시오.

◯ 再拜 두 번 절을 하시오.

◯ 主人詣神位前跪 주인은 신위 앞에 나아가 꿇어앉으시오.

캄캄한 사당 뜰에 홀기를 읽는 목소리가 낭랑하게 울려 퍼지고 나면, 홀기가 지시하는 대로 참석자들이 모두 사당 뜰에 빽빽하게 선다. 집사가 사당 문을 열면, 참석자들이 모두 두 번 절을 한다. 주인은 신위 앞에 나아가 꿇어앉는다. 제한된 지면 사정으로 인하여 전체 과정을 낱낱이 소개할 수 없는 것이 아쉽지만, 이렇게 시작된 제사는 모두 110단계가 넘는 세부적인 절차를 거친 뒤에야 모두 끝이 나게 되는데, 그 과정 하나하나에 말 못할 경건함과 숙연함이 어려 있다. 특히 신께서 식사를 하시는 동안 도포 입고 유건 쓴 분들이 마당에 빽빽이 엎드려 있는 모습은 정말 보기 드물 정도의 장관이었다.

제사가 끝난 후의 음복 장면도 장관이기는 마찬가지다. 방금 제사를 지낸 대청마루와 마당, 그리고 방마다 음식들이 나누어지자 조금 전까지의 숙연하던 분위기는 사라지고, 갖가지 제수

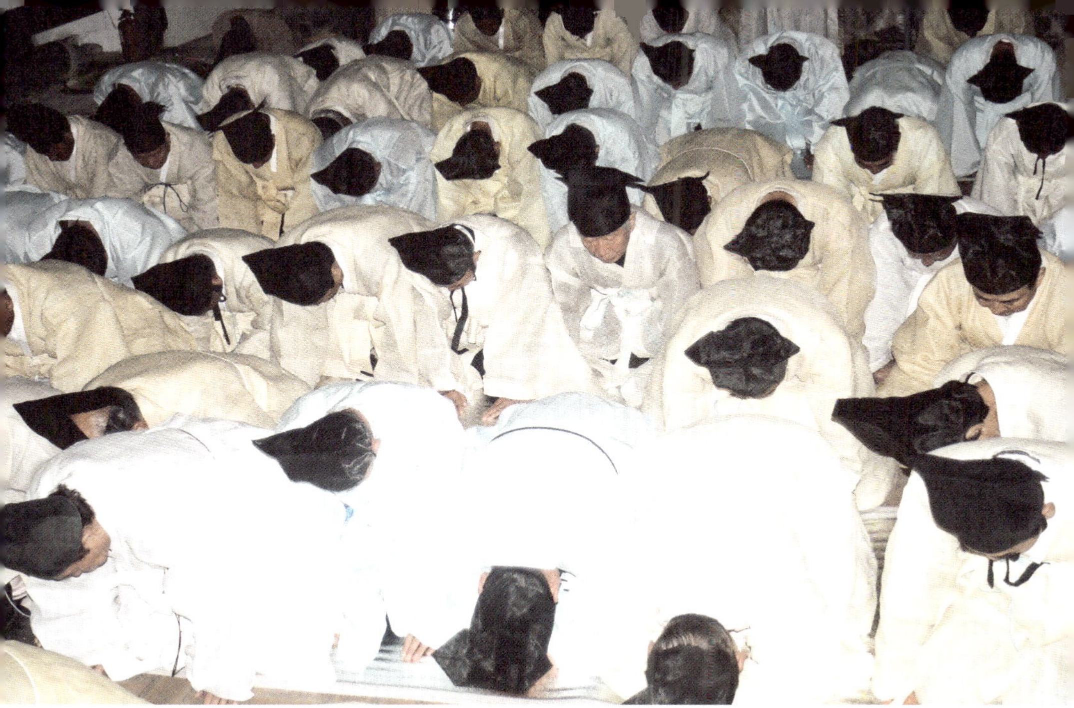

불천위 제사에 참석한 사람들이 신이 식사를 하시는 동안 대청 앞마당에 꿇드려 있는 모습. 오즈음 제사에서는 보기 드물 정도로 엄숙하고도 숙연하다.

들을 앞에 둔 소박한 잔치가 벌어지기 시작했다. 오랜만에 만난 친척들과 그동안 칭칭 감겨 있던 온갖 사연을 술술 풀어내는 소리가 여기저기서 들려왔고, 음복주가 몇 순배 들면서 가벼운 웃음소리가 터져 나오기도 했다. 그러고 보면 조상이 돌아가신 제삿날은 분명 슬픈 날이지만, 슬픔의 뒷자락을 슬며시 넘겨보면 거기 즐거움도 적지 않게 숨어 있는 것 같다. 그렇기 때문에 배고프던 시절의 우리는 더러 제삿날이 오기를 손꼽아 가며 기다리기도 했고, 제사에 참여하지 못한 마을의 노인들은 새벽까지 잠도 자지 않고 제사 음식이 배달되기를 기다리기도 했던 것이다.

2. 이렇게 살아왔고 이렇게 살아가리[34]

1) 종부 – 나는 이렇게 살아왔다네

여헌종가의 종부 김봉연은 1935년 안동 풍산의 오미동에서 7남매의 맏딸로 태어났다. 유교적 법도가 삼엄한 사대부 집안에서 태어난 그는 신교육의 세례를 확실하게 받고 지금과는 다른 길을 걸어갈 뻔했다.

"우리 친정아버지께서 춘양금융조합에 다니셨기 때문에 저도 춘양초등학교를 졸업했거든요. 그해에 아버지가 문경으로 전근을 가셨는데, 때마침 문경중고등학교 농림학교가 생겨서 거기에 들어갔습니다. 가방과 교복도 다 준비를 해 두었습니다. 그런데 어느 날 난데없이 조부님이 오시더니 여자가 공부를 하면 시집을 못 간다면서, 가방과 교복을 빼앗아서 오미동에 가지고 가 버렸지요. 가방과 교복을 큰 궤짝에 넣고 잠가 뿌리니 어느 누가 감히 그걸 열겠어요."

김봉연이 학교에 가고 싶어서 울고불고하며 시간을 보내고 있는데, 6.25전쟁이 일어났다. 전쟁 때문에 오미동으로 돌아간 그는 몇 년 뒤 스무 살의 어린 나이에 여헌종가로 시집을 왔다. 조부는 김봉연의 인생을 두 번 바꾸어 놓았다. 공부하고 싶은 김봉연의 마음을 바꾸어 놓은 사람도 조부였고, 그의 혼인을 자신도 모르게 결정해 버린 사람도 역시 조부였던 것이다.

"다 사랑에서 이루어진 일입니다. 남편도 혼인하는 날에야 처음 봤습니다. 종가에 시집가는 것을 안쓰럽게 여기신 친정어머니가 조부님께 말씀을 드렸데요. '봉연이가 종가로 시집을 안 갈라 캅니다' 하고. 그랬더니 제 조부께서 마구 걱정을 하시면서 '고년 어디 있느냐, 지금 당장 잡아오라' 고 불호령을 내렸답니다. 저도 하필이면 왜 종가로 가는고? 하고 생각을 해 보기도 했지만, 옛날에 안에서야 무슨 권리가 있어야지요."

과거 우리나라 여인들이 대부분 그랬듯이 김봉연은 이처럼 얼떨결에 결혼을 하여 여헌종가의 종부가 되었다. 결혼 당시 성균관대학교에 다니던 종손은 서울에서 살았지만, 김봉연은 남편과 함께 살지 못했다. 물론 남편과 함께 살고 싶은 마음이야 간절

했겠지만, 시조모님과 시부모님을 모시고 종가에서 사는 것이 종부의 도리였기 때문이다. 그래도 위안되는 것이 있다면 종가의 부드러운 분위기였다. 겁이 나서 어른들을 제대로 쳐다보지도 못했던 친정집과는 달리, 시가의 어른들은 모두 품성이 후덕하여 자상스럽게 대해 주시는 바람에 지내기가 한결 쉬웠던 것이다.

그러나 아무리 어른들이 자상하게 대해 주어도 고생이 어디로 가는 것은 아니었다. 원래부터 결혼은 신랑과 신부 단둘이서 하는 것이 아니라 신랑을 둘러싼 집단과 신부를 둘러싼 집단의 집단적인 결합이다. 더구나 한 여자가 종손과 결혼을 한다는 것은 종가를 중심으로 모이는 실로 무수한 사람과 합동 결혼을 하는 것이기도 하므로 그 집단의 범위가 대단히 넓다. 그러니 그 엄청난 책무에 따른 몸의 고생과 마음의 부담을 충분히 알 만하지 않은가. 하나 밖에 없는 딸이 종가로 혼담이 나왔을 때 김봉연이 한사코 반대했던 것도 딸이 짊어져야 할 몸 고생과 마음고생을 체험으로 알고 있었기 때문일 터다.

고생 고생해도 종부의 첫째가는 고생은 봉제사奉祭祀 접빈객接賓客, 즉 제사를 받들고 찾아오는 손님들을 접대하는 일이다. 친정도 4대봉사를 했기 때문에 제사가 많기는 했다. 그러나 시집을 와서 보니 기제사보다 훨씬 더 힘이 드는 불천위 제사가 내외분까지 합해 3번이나 있었고, 기제사도 내외분이 세 분이 되는 경우도 있었다. 1년에 모두 13번이나 제사를 지내는 데다, 시조모님과 시부모님 등 세 분의 삼년상을 치르면서 초하루 보름마다 삭망을 지냈다. 게다가 옛날에는 가정 형편이 정말 너무나도 어려워서 제수를 마련하기도 힘이 들었다. 그러나 이와 같은 육체적 노역이나 경제적인 빈곤보다도 더욱더 힘이 들었던 것은 정신적인 부담이 아닐까 싶다.

봉제사와 접빈객 등은 일상적으로 일어나는 일들인데, 이러한 일들이 끝나고 나면 공식적인 평가가 아니더라도 암암리에 평가가 뒤따르기 마련이다. 그러한 가운데 좋지 않은 이야기가 나올 가능성도 얼마든지 있다. 설사 그것이 말로 표현되지 않았다고 하더라도 마음속으로 좋지 않은 생각을 가진 사람들이 있다면 그것도 보통 일이 아니다. 더구나 종가에서는 제사와 손님접대가 일상적으로 일어나는 일이므로 종부는 언제나 최선을 다하고도 노심초사할 수밖에 없으며, 이러한 중압감으로 인하여 긴장을 풀 겨를이 없는 것이다. 지금 내가 진행하고 있는 이 일만 허도 그렇다. 나는 지금 수십 개의 질문을 만들어 와서 종부님에게 뜬금없는 질문 공세를 퍼붓고 있는 중인데, 이런 일에 익숙하지 않은 종부님께 얼마나 큰 부담이 되겠는가. 정말 미안하고 죄송스러울 지경이다.

"옛말에 '귀머거리 삼 년, 벙어리 삼 년' 이란 말이 있잖아요. 종부가 해야 할 모든 일은 죽는 날까지 내가 해야 할 일이니, 누구에게 하소연할 일도 아닙니다. 그러므로 아무리 힘이 들어도 남편에게 힘들어 죽겠다며 앓는 소리를 해 본 적이 없어요."

김봉연은 이 모든 것을 자신에게 던져진 운명으로 받아들이면서 최선을 다하여 묵묵하게 감당해 왔다. 그러나 아무리 노력해도 사람의 힘으로 어쩔 수 없는 어려움도 있는 법. 그 가운데 하나가 종부로서 딸 하나만 낳았을 뿐 종가의 대를 이을 아들을 낳지 못한 것이었는데, 이에 대해서 한 종인은 이렇게 말했다.

"종부로서 대를 이을 아들을 낳지 못한 것이 커다란 부담이 되었을 겁니다. 그 무슨 큰 죄를 지은 것도 아닌데 기를 펴고 살 수가 없잖아요. 더구나 종손의 윗대에서도 대가 끊어진 적이 두어 번 있어서 양자를 들여 해결을 했습니다. 그런데서 오는 중압감은 아마도 굉장히 심했을 거예요. 어떨 때 보면 참 안쓰럽다는 생각이 들 정도였으니까요."

물론 그랬을 것이다. 그러나 이런 어려움도 둘째 시동생의 맏아들 장환호를 양자로 받아들여 종손으로 앉힘으로서 해결되었다. 아들을 낳지 못해 엄청난 부담을 느꼈던 만큼 새로 맞은 아들에 대한 사랑과 가르침은 지극했다. 말로 하는 교육보다는 발로 하는 교육이 훨씬 더 효과적임을 잘 알고 있었던 그는 아들에게 무엇을 하라고 강요하지 않았다. 다만 스스로의 행동을 통해서 실천적으로 보여 주었을 뿐이다. 그것이 여헌종가에서 아들을 교육하는 방법이었고, 아들도 부모의 행동을 따라하는 사이에 종가의 법도를 체득하였다. 그가 일생 동안 가장 큰 보람을 느꼈을 때도 무럭무럭 자라나는 아들을 바라볼 때였다.

"쳐다보기만 해도 웃음이 나왔지요. 어떻게든 우리 집이 남에게 말을 듣지 않도록 훌륭하게 키워서 종손 자리에 앉혀야 한다는 그런 마음으로 키웠습니다. 그래도 저거 부모가 잘 낳고 또 지가 잘 커서 이제 어디에도 빠지지 않는 종손이 되었지요. 우리 아들 어떻습디까. 보시니까 반듯하고 참 좋지요?"

그의 말마따나 반듯하게 잘 자란 아들을 바라보는 김봉연의 눈길에 자랑스러움이 넘쳐흘렀다. 하지만 자신이 살아왔던 그 힘든 삶을 살아가야 할 운명을 타고난 아들을 바라보는 마음은 참 안쓰럽고도 무겁기만 하다. 그러므로 자신은 오래 전부터 종가에서 내려오는 삼엄한 법도를 전통 그대로 지킬 생각이지만, 아들에게 강요할 생각은 없다.

"시대가 많이 바뀌었는데 옛날 것을 그대로 지키기는 어렵습니다. 큰일이 있을 때 일손이 부족하기 때문에 지키고 싶어도 지킬 도리가 없기도 하고요. 그러므로 줄일 건 줄이고 이어갈 건 이어가면서 종가를 계승할 수밖에 없지 싶습니다. 하지만 종가에서조차 정말 지켜야 할 것을 지키지 않는다면 어디에서 지키겠습니까. 여헌종가라도 지켜야 할 것만은 꼭 지키도록 최선의 노력을 다해야지요. 어렵더라도 지켜야 할 것은 지킬 수 있도록 주위에서 힘을 모아 주셨으면 합니다."

연로하신 종부의 바람은 여헌종가가 서애종가나 퇴계종가

같은 저명한 종가가 되는 일이다. 종손인 아들과 새 종부가 된 젊은 며느리에게 기대하고 있는 것도 바로 그것이다. 아들과 며느리가 그만한 일을 해낼 줄 알고 조상들이 점지했다고 생각하고 있기도 하다.

"베풀며 살아라. 남의 눈에 벗어나는 행동을 하지 말아라. 몸과 마음을 부지런히 움직여서 온 문중 사람의 사랑과 박수를 받으면서 살아라."

이제 종가의 법도가 몸에 배어 가는 아들과 갓 시집와서 종가의 문화를 고분고분 익혀가는 며느리를 바라볼 때마다 김봉연이 언제나 속으로 중얼거리는 말들이다.

종가에서 일생을 보냈지만 김봉연은 마냥 고루하고 보수적인 종부는 아니다. 어릴 때 공부하고 싶은 꿈을 이루지 못했기 때문에 그런지는 몰라도 그는 아직도 지적 욕구가 남다른 것 같다. 검정고시나 복지회관 등에서 하는 사회교육에도 관심을 가졌지만, 집안 형편 때문에 적극적으로 배우지 못했다. 하지만 여든을 눈앞에 두고 있는데도 독학으로 컴퓨터를 배우고 인터넷을 할 줄도 안다고 하니, 새로운 지식에 대한 그의 호기심을 짐작하고도 남음이 있다.

"마음은 요새 학생들 같아요. 뭐든지 배우고 싶고 사회활동을 하면서 사람들과 만나 대화도 좀 나누고 싶기도 하고요. 한문이나 영어도 잘하지는 못하더라도 알아들을 수는 있었으면 좋겠습니다. 그 가운데서도 특히 한문을 배우고 싶습니다. 아들에게도 한문 공부 하라고 볼 때마다 부탁을 하고 있고요. 하지만 마음뿐이지 자꾸 잊어 먹고 생각대로 잘되지는 않습니다."

지식에 대한 호기심이 커서 그렇기도 하겠지만, 김봉연은 사상에 대해서도 개방적이어서 불교에 대해서도 관심이 많다. 영남불교대학에 다니면서 불교 공부를 하기도 했다. 그러나 일생 종부로서 살았던 그의 삶의 뿌리는 역시 유교요, 관심은 늘 종가 쪽으로 쏠린다.

"불천위 종가 종부들의 모임이 있습니다. 나가 보니까 배울 점도 많고 들을 점도 많았어요. 이번에 학봉종가를 방문하는데 저도 가 보고 싶습니다. 남의 집을 보면서 교류를 하다 보면 말문도 좀 열려서 이런 인터뷰도 근사하게 할 수 있지 않을까 싶거든요. 하하."

2) 종손 – 나는 이렇게 살아가려네

현재 여헌종가의 종손은 장환호(1978~)다. 그러나 전 종손 장철수(1934~2009)가 별세한 지 얼마 되지 않아서, 아직도 종가에는 전 종손의 삶의 흔적이 도처에 남아 있다. 그런 의미에서 그는 저승으로 호적을 옮겼지만 아직도 여헌종가에서 의연코 살아 있는 것 같다. 여헌종가에서 풍기는 고풍스런 분위기도 장철수가 조성한 선비문화의 여운이다. 그러므로 종손에 대해서 이야기하기 전에 전 종손 장철수에 대해서 먼저 말하지 않을 수 없다.

장철수는 성균관대학교 동양철학과를 졸업했다. 그가 대학교를 다니는 사람이 거의 없던 시절에 서울에 있는 대학교를 나왔다는 것은 참으로 중요한 사실이고, 대학의 무수한 학과 가운데 동양철학과를 나왔다는 것도 중요한 사실이다. 서울에서 대학교에 다녔으므로 그는 급변하는 세상의 흐름을 알 수가 있었고, 동양철학과에 다녔으므로 유학에 대한 이론적 탐색과 함께 정감적 체득이 가능하였다. 말하자면 그는 현대라는 구체적인 시간 속에서 유학적 삶을 살아갈 수 있는 온고지신溫故知新의 여건을 갖추었던 분이었다.

"한마디로 아버지는 양반이고 선비이셨지요. 다른 말로는 도저히 표현할 말을 찾을 수가 없습니다. 평생 베풀면서 사셨고, 누구를 욕하는 것을 들은 적이 단 한 번도 없었어요. 책 읽기를 정말 좋아하셨고, 서예에 대한 조예도 남다른 바가 있었습니다. 좋은 친구들도 많으셨고요."

현 종손 장환호가 전 종손인 아버지에 대해서 하는 말이다. 이 넓은 천하에 자기 자식을 사랑하지 않는 아버지도 없고, 자신의 아버지를 존경하지 않는 자식도 없다. 게다가 남에게 자신의 아버지를 이야기할 때, 언제나 아버지는 실상보다 크게 미화되기 마련이다. 그러나 아버지에 대한 장환호의 이와 같은 말들은 그

냥 그대로 믿어도 되지 않을까 싶다. 이렇게 말할 수 있는 일차적인 근거는 아버지 장철수가 사용하던 종가의 사랑방에서 물씬 풍기는 선비의 체취다. 사랑방에는 서화書畵 작품들이 빽빽하게 걸려 있는데, 그 내용을 살펴보면 하나하나가 다 명심보감明心寶鑑이다. 이런 작품들을 걸어 놓고 마음을 닦으면서 살아가는 사람이라면 격조 높은 선비일 것이라는 생각이 그 무슨 밀물처럼 울컥하고 밀려온다.

사랑방에 걸린 서화들 가운데 우선 눈에 띄는 것은 액자 바깥으로 은은한 향기가 풍겨 나올 듯한 소담스런 매화梅花 그림이다. 하지만 이 그림에서 매화보다 먼저 눈에 띄는 것은 다음과 같은 한시 한 구절이다.

> 매화는 일생 동안 춥게 지내도 그 향기를 팔지는 않는다.
>
> 梅一生寒不賣香

조선 중기 4대 문장가 가운데 한 분인 상촌象村 신흠申欽(1566~1628)의 『야언野言』에 수록되어 있는 저명한 한시 중 한 구절이다. 다 알다시피 매화는 설한풍 몰아치는 차가운 겨울에 저 홀로 피어나서 그윽한 향기를 풍기는 꽃이다. 그러므로 한시문화권에서 매화는 소나무 및 대나무와 함께 변치 않는 지조의 대표적 상징이다. 매화가 정치적 좌절이나 경제적 빈곤으로 인하여 극한상황

極限狀況에 처해 있으면서도 그 향기를 함부로 팔아먹지 않는 고매한 선비에 대한 비유로 널리 쓰이는 이유도 바로 여기에 있다. 이와 같은 연고로 인하여 매화는 옛날부터 선비들의 극진한 사랑을 받았으며, 퇴계 선생이 맨 마지막으로 이 지상에 남기신 말씀도 "저 매화 화분에다 물을 주라"는 것이었다. 이렇게 볼 때 종가의 사랑방에 이 세상 하고많은 꽃 가운데서 매화 그림이 걸려 있다는 것은 그 자체만으로도 의미가 자못 심장한 것이다.

그러나 매화보다 더욱더 중요한 것은 「우주요괄첩宇宙要括帖」, 「좌벽소재座壁所題」, 「십육괘배진十六卦排陳」, 「표제요어標題要語」, 「인의방설仁義坊說」 등 여헌 정신의 핵심을 두루 담고 있는 글들을 적은 여러 폭의 서예 작품들인데, 그 가운데 한둘을 소개하면 다음과 같다.

종가의 사랑채에 빼곡하게 걸려 있는 서예 작품들 가운데 일부. 모두 『여헌집』에 수록된 내용들로 전 종손 장철수의 친필이다.

착한 일을 보고 반드시 실천한다면 천하의 착한 일을 다 할 수 가 있고, 허물이 있을 때 반드시 고친다면 내 한 몸에 허물이 없게 될 것이다.[35]

참됨은 모든 착함의 으뜸이고…… 비어 있으면 모든 것을 죄다 채울 수 있으며…… 겸손은 모든 이익의 근본이고, 검소함은 모든 복의 근원이다.[36]

온 천하에서 제일가는 사업을 할 수 있는 사람이 바야흐로 온 천하에서 제일가는 사람이 될 수 있다.[37]

바위로 집을 삼고 폭포로 술을 빚어/ 송풍松風이 거문고 되며 조성鳥聲이 노래로다/ 아해야 술 부어라 여산동취與山同醉 하리라.[38]

보다시피 유교의 정신을 구체적인 현실 속에서 실천적으로 구현하는 문제, 주체적인 한 인간으로서의 인생 목표, 자연과의 합일을 통한 풍류적 삶 등이 골고루 망라되어 있다. 사랑방의 벽을 수놓고 있는 이와 같은 서예 작품들은 이곳이 여헌의 정신이 아직까지도 면면하게 계승되고 있는 명실상부한 여헌의 종가임을 아주 명확하게 보여 준다. 게다가 사실상 여헌종가의 좌우명이라고 해도 좋을 이 글들은 앞으로도 이 집에서 여헌의 정신을 계승해 나갈 것이라는 하나의 의미 있는 선언이기도 하다. '여헌의 정신' 이라는 거대한 추상 덩어리를 구체적으로 설명하기는 물론 어렵다. 하지만 범범하게 말한다면 그것은 결국 자아가 완성된 사람다운 사람, 곧 '천하에서 제일가는 사람' 이 되는 것에서 크게 벗어나지 않을 것이다. 이렇게 볼 때 이 서예 작품들은 전 종손 장철수가 여헌 정신의 계승을 통하여 사람다운 사람이 되기 위해서 노력했던 흔적이며, 바로 그 속에 현재 여헌종가의 가풍과 앞으로 나아가야 할 방향이 온통 무르녹아 있다고 할 수 있다.

장철수는 한문문화 전반에 대한 이해가 남달랐던 데다 인품이 훌륭했고, 종손으로서의 책임감도 대단히 강했다고 한다. 게다가 문중의 화합과 도움을 바탕으로 종택을 새로 지었고, 모원당과 청천당, 사당 등을 중수하여 문화재로 지정하는 등 큰일을 해내기도 했다. 그러므로 문중에서 장철수의 존재감은 각별했다. 그러한 그가 만년에 오랜 병고 끝에 작고하자 문중 사람들의 안타까움도 컸다.

"한마디로 말해서 정신적 지주가 붕괴된 느낌이었습니다. 종손으로서 종가에 대한 책임감이 강한 분이라서 더욱 그랬지요. 오랫동안 모진 병을 앓으면서도 끈질기게 견뎌낸 것도 바로 그 책임감 때문이 아닐까 싶습니다. 하실 일이 정말 많았는데 제대로 그 뜻을 펼쳐 보지도 못하시고……"

2009년 아버지의 작고로 종손이 된 장환호는 1978년 장철수의 동생 장일수의 맏아들로 태어났다. 장철수가 슬하에 딸 하나만 두는 바람에 어릴 때 종가에서 그를 양자로 맞아들였던 것이다.

"어린 시절 저는 모범생이 아니어서 부모님께 마음고생을 많이 시켜 드렸습니다. 어머니께서는 속이 상해서 많이 우시기도 하셨지요. 속으면서도 언제나 저를 믿어 주셨고, 잘될 수 있도록 옆에서 묵묵히 도와주셨습니다."

원래 도저히 고칠 방법이 없도록 후회는 제일 늦게 찾아오는 법이다. 그러므로 장환호는 다 지나가 버린 어린 시절이 이제 와서야 새삼 후회스럽다. 그러나 어린 시절 철없던 그도 자라나면서 종가의 법도를 하나하나 익혀 나갔다. 늘 보는 것이 제사 지내고 손님을 맞이하는 일이어서 예의범절도 자연스럽게 몸에 붙었다.

"어려서부터 어디를 좀 멀리 다녀올 때 항상 부모님께 문밖에서 큰절을 올렸지요. 친구들이 그런 저의 모습을 보고 굉장히 이상하게 생각했습니다. 부모님께 절을 올리는 아이들이 아무도 없었거든요."

『논어』에 나오는 공자의 가르침에 따라 옛날 사대부 집안에서는 사실 누구나 그렇게 해 왔다. 그러나 서구문화가 그 무슨 해일처럼 밀어닥쳐서 전통문화가 일시에 와해되어 버리는 바람에 사라져서는 안 될 범절들도 죄다 사라졌다. 그런 상황 속에서도 장환호는 이와 같은 유가의 문화를 서서히 몸에 익히고 있었고, 그것이 오히려 친구들에게는 이상하게 보였던 것이다. 장환호의 부모도 결코 강요하지는 않았지만 꼭 알아야 할 것을 익히도록 은연중에 하나씩 유도하기도 했다.

"사당에 모셔 둔 신주에 '증대광보국贈大匡輔國 숭록대부崇祿大夫 의정부議政府 영의정領議政'으로 시작되는 여헌 선생의 직함이 적혀 있습니다. 무려 50자에 달하는 한자투성이의 긴 직함인데요. 저는 그것을 초등학교 때 다 외웠습니다. 아버지께서 다 외워야 세뱃돈을 주신다고 해서요, 하하."

갓을 쓰고 도포를 입은 여헌의 16대 종손 장환호
(제공: 영남문화연구원)

그러나 더 자라나서 자신이 종손이 될 사람임을 자각했을 때, 그리고 종손이 해야 할 일이 결코 만만하지 않음을 알았을 때 그가 받은 심리적 부담은 결코 적지 않았던 모양이다.

"'왜 하필 나를 종가에 양자 보내 이토록 힘들게 살게 하나?'

그런 생각을 해 본 적이 없다면 거짓말입니다. 때마침 사춘기이기도 해서 방황을 많이 하기도 했습니다."

다행히 그는 군대에 다녀오면서 철이 많이 들었다고 한다. 더구나 그 무렵 아버지가 병석에 눕게 되자 가문에 대한 무거운 책임감이 구체적인 현실로 다가왔다. 그러므로 그는 '어차피 해야 할 종손이라면 좀 제대로 해 보자' 하는 쪽으로 생각을 바꾸었고, 훌륭한 종손이 되기 위하여 꾸준한 노력을 기울여 왔다. '최소한 남에게 글을 빌려서는 안 된다' 는 어머님의 가르침에 따라 나름대로 한문 공부도 열심히 하려고 노력하고 있고, 서실에 나가서 붓글씨도 배우고 있다.

"대종가의 종손은 하늘이 정해 주는 것이라고 합니다. 그러니 나는 선택받은 사람이라 생각해야지요. 사실 여헌 선생 종손 아무나 하는 거 아니지 않습니까."

장환호가 앞으로 잘해야 할 일 가운데 하나는 제사다. 본인 스스로도 제사는 '힘이 드는 일' 이라고 고백했다. 제사가 그렇게 힘이 드는데도 계속 제사를 지내는 데는 그만한 의미가 있을 터다. 시대가 참 많이 달라진 오늘날에도 제사를 계속 지내는 이유, 즉 제사가 지닌 현대적 의미는 무엇일까?

"일차적으로는 조상의 음덕陰德에 대한 감사입니다. 조상의 음덕 덕분에 우리가 이렇게 잘 살고 있으니 감사를 드리지 않을 수가 없습니다. 지극한 마음으로 감사를 드리다 보면 조상들도 우리가 한 만큼 도와주고 잘되게 해 준다는 믿음도 있고요. 그러나 더욱더 중요한 것은 자손들의 화목과 단결입니다. 지금은 가까운 친척들도 사방으로 뿔뿔이 흩어져 있고, 어떤 계기가 마련되지 않으면 서로 얼굴을 쳐다보기도 어렵습니다. 그런데 제사가 있어서 이렇게 만나 우의를 다지고 화합을 할 수가 있는 것 아닙니까. 그런 의미에서 제사는 돌아가신 분을 추모하기 위한 것이기도 하지만 살아 있는 사람들을 위해서도 큰 의미가 있습니다. 그러고 보면 제사를 처음 만들어 낸 옛날 조상님들의 지혜가 참 뛰어났던 거지요."

제사에 대해서는 종가의 다른 사람들도 대체로 종손 장환호와 같은 생각을 가진 듯했다. 그는 아마도 실제로 조상신이 존재한다고 생각하는 것 같았고, 지극한 마음으로 제사를 지내면 그 조상신이 행복을 가져다준다는 믿음도 가지고 있는 듯했다. 한 종인은 이와 같은 생각을 훨씬 더 적극적으로 가지고 있었다.

"저에게 조상은 종교이기 때문에 조상과 관련된 일이 있으면 자다가도 벌떡 일어납니다. 불교 신자들이 부처를 믿듯이 저는 조상신을 믿고, 기독교 신자들이 하느님에게 기도를 하듯이 저는 조상신에게 기도를 합니다. 조상신에게 절실하게 기원을 하니 대충 다 들어주시더군요. 그러니까 조상신은 초월적 힘을 가진 절대자로서 신앙의 대상이 되는 분이지요. 그러므로 기독교 신자가 신앙에 대한 확신을 가지고 있듯이 저도 조상신에 대한 확신을 가지고 있습니다. 정도의 차이는 있겠지만 저뿐만 아니라 우리 문중 사람들은 대략 저와 같은 생각으로 제사에 임하고 있다고 봐도 좋을 겁니다."

물론 제사를 지낼 때 조상신에게 소원을 비는 것은 흔히 있는 일이고, 그런 의미에서 제사의식도 의식적이든 무의식적이든 종교의 색채를 다소나마 띠고 있는 것이 사실이다. 하지만 여헌 종가의 경우는 이와 같은 색채가 상대적으로 더 강하게 느껴졌고, 제사에 대한 태도가 그만큼 진지할 수밖에 없었다. 제사에서 제일 중요한 것은 값비싼 제수가 아니라 바로 정성임을 강조하던 종손의 다음과 같은 말도 같은 맥락에서 이해할 수 있지 않을까 싶다.

칠흑 같은 밤 깊은 생각에 잠겨 모원당 뜰을 거닐고 있는 종손. 앞으로 그에 의하여 펼쳐질 여헌 종가가 어떤 모습일지 대단히 궁금하다.(제공: 영남문화연구원)

"제사에서 가장 중요한 것은 정성이죠. 형편이 어려워서 물 한 잔 떠 놓더라도 그 정성과 그 마음이 지극하면 백만 원짜리 이백만 원짜리 제수를 사서 지내는 것보다 훨씬 더 낫습니다. 평소에 어머니가 제사를 준비하시면서 제수의 모양까지 낱낱이 신경 쓰시는 것을 보고 그런 것을 굉장히 많이 느꼈고요, 아버지께서 나중에 많이 편찮으셔서 걸음을 제대로 걷지 못하시면서도 주위의 부축을 받아 가며 기어이 절을 하시는 모습을 보았을 때도 정성이 참 중요한 거라는 생각을 많이 했습니다."

그러나 제사보다 더 소중한 일은 우리 정신사에서 여헌이 차지하는 비중에 걸맞게 여헌의 위상을 높이는 일이다.

"퇴계 선생이나 율곡 선생의 후손들은 정말 잘하고 있습니다. 솔직히 말해서 여헌 할배 같은 대단한 학자가 계셨기 때문에 우리도 양반 소리를 듣잖아요. 그분은 그 많은 벼슬을 모두 사양하고 오로지 학문에 전념하셨기 때문에 더욱더 위대하게 느껴집니다. 그런데 후손들이 잘하지 못해서 다른 분들만큼 빛을 보지 못하고 있거든요. 문중의 화합을 통하여 여헌 선생을 많은 사람에게 알리고 싶은 것이 종손으로서의 앞으로의 포부입니다. 꼭 그렇게 되었으면 좋겠어요."

장환호의 이와 같은 꿈이 얼마나 이루어질지 지금 우리가 판단하는 것은 물론 시기상조다. 하지만 그의 꿈이 단순히 소박한 희망 사항 정도에서 그치지는 않을 것 같다. 이렇게 말할 수 있는 일차적인 근거는 남산파南山派 대종회大宗會의 적극적인 지원이 뒷받침되고 있는 데다, 종택을 사무실로 한 여헌학연구회가 결성되어 여헌을 선양하기 위한 다채로운 활동을 벌이고 있다는 사실에 있다. 여헌학연구회에서는 그동안에 이미 20여 권의 『여헌학보』를 간행했을 뿐만 아니라 장인채 님의 『여헌 장현광 선생의 학문 개관』 등 여러 권의 저서를 간행하기도 했다. 게다가 2003년부터 고려대학교 민족문화연구원 한국사상연구소에서 여러 번에 걸쳐서 주최한 여헌학 관련 학술대회를 물심양면으로 후원하였고, 그동안의 연구 성과가 『여헌 장현광의 학문 세계, 우주와 인간』, 『여헌 장현광의 학문 세계2, 자연과 인간』, 『여헌 장현광의 학문 세계3, 태극론의 전개』라는 3권의 책으로 간행되었다. 2005년부터는 금오공대의 선주문화연구소와 공동으로 해마다 여헌 관련 학술대회를 열고 있고, 최근에 그동안의 연구 성과를 모은 『여헌학의 전개와 수용』이라는 방대한 책이 간행되기도 했다. 이와 같은 분위기 때문인지 최근에 여헌에 대한 학계의 관심이 크게 높아지고 있는 것도 고무적인 일이 아닐 수 없다. 더구나 문중의 젊은 사람들이 '인선회仁善會'를 구성하여 학문을 강론하는 한편 문중의 화합을 다지고 있기도 하다.

그러나 무엇보다도 여헌종가의 장래가 밝다고 생각되는 것은 종손이 몇 년 전 결혼을 하여 아내와 함께 종가를 지키고 있다는 점에 있다. 상식적인 이야기가 되겠지만 사람이 살지 않으면 집은 무너지기 마련이다. 아무리 그럴 듯한 고가라도 사람이 살지 않는 집은 멀리서 보아도 그 느낌이 다르고, 가까이 가서 보면 사람 대신에 귀신이 나온다. 종가라고 해서 다를 리가 없다. 종손

여헌종택 소재 모원당의 회화나무
(제공: 한국학중앙연구원)

이 살지 않으면 집이 무너지고, 그와 함께 종손을 구심점으로 형성되어 온 종가의 전통이 한꺼번에 와르르 무너지기 마련이다. 실제로 그런 집이 얼마나 많은가. 그런데 여헌종가의 경우에는 그럴 염려가 별로 없다. 종손인 장환호가 종가가 있는 구미에다 직장을 잡았기 때문이다. 참 쉽지 않은 결단이고, 종가를 지키려는 의지가 묻어나는 대목이기도 하다.

"종손은 원래 애를 먹으면서 보람을 찾는 사람입니다. 더 많이 애를 먹어야 더 많은 보람을 찾을 수가 있지요. 저는 아직 나이가 젊어서 종손으로서 부족한 것이 많습니다. 하지만 앞으로 열심히 할 겁니다. 가르쳐 주시고 지켜봐 주십시오."

어릴 때부터 종가의 법도가 몸에 익은 '준비된 종손' 장환호와 이제 갓 시집와서 새로운 삶의 걸음마를 하나하나 배우고 있는 젊은 종부가 함께 이끌어 나갈 여헌종가의 앞날은 과연 어떻게 펼쳐지게 될까? 그것이 정말 궁금했던지 모원당 뜰 한복판의 회화나무, 여헌종가의 과거뿐만 아니라 그 미래까지도 낱낱이 다 지켜보게 될 바로 그 아름드리 회화나무가 참다 참다 못해서 슬며시 새잎을 내밀고 있는 눈부시게 아름다운 봄날이다. 아아!

주

33) 이 부분은 2010년 10월 14일에 있었던 불천위 제사 참관 및 그동안 만났던 종인들과의 대화, 『종가문화연구』, 경북대 영남문화연구원에서 제공한 종손, 종부 및 종인들과의 각종 인터뷰 자료들을 토대로 하여 서술하였다.

34) 이 부분은 2010년 10월 14일에 있었던 불천위 제사 참관 및 그동안 만났던 종인들과의 대화, 『종가문화연구』, 경북대 영남문화연구원에서 제공한 종손, 종부 및 종인들과의 각종 인터뷰 자료를 토대로 서술하였다.

35) 장현광, 「十六卦排陳」.

36) 장현광, 「標題要語」.

37) 장현광, 「宇宙要括帖」.

38) 장현광의 時調.

참고문헌

『조선왕조실록』.

선산군지편찬위원회, 『선산군지』, 1968.

선산지편찬위원회, 『선산지』, 1965.

성백효, 『국역 여헌집』, 민족문화추진회, 1996.

신의용, 『상례비요』.

이중환, 『택리지』.

인동장씨남산파수보소, 『인동장씨 남산파 세보1-3』, 보문사, 1997.

장석규, 『연미정실기』(계명대소장본).

장석룡, 『유헌선생문집』, 경인문화사, 1994.

장응일, 『청천당선생문집』(한국문집총간본), 민족문화추진회.

장지연, 『일사유사』, 태학사, 1982.

장현광, 『여헌선생문집』(한국문집총간본), 민족문화추진회.

______, 『여헌선생전서』, 인종장씨 남산파 종친회, 1982.

정약용, 『여유당전서』, 여강출판사, 1985.

포은선생숭모사업회, 『임고서원지』.

경상북도 · 경북대 영남문화연구원, 『종가문화연구』, 2010.

고려대 민족문화연구원 한국사상연구소, 『여헌 장현광의 학문 세계, 우주와 인간』, 예문서원, 2004.

______________________________, 『여헌 장현광의 학문 세계 2, 자연과 인간』, 예문서원, 2006.

______________________________, 『여헌 장현광의 학문 세계 3, 태극론의 전개』, 예문서원, 2008.

고성훈 등, 『민란의 시대』, 가람기획, 2000.

구미시, 『내 고장 전통 가꾸기』, 1982.

금오공과대학교 선주문화연구소, 『여헌 장현광의 학문과 사상』, 1994.

__________________________, 『여헌학의 전개와 수용』, 2010.

선산군, 『선산의 맥락』, 1983.

여헌학연구회, 『여헌선생탄신 450주년 기념집』, 2004.
이덕일, 『세상을 바꾼 여인들』, 옥당, 2009.
장인채, 『여헌 장현광 선생의 학문개관』, 여헌학연구회, 2004.
______, 『옥산연봉』, 여헌학연구회, 2007.
전정중, 『구미 문화재 탐방』, 한국학술정보(주), 2001.
칠곡군, 『호국의 고장』, 1983.
한국정신문화연구원, 『민족문화백과대사전』, 1993.
한국학중앙연구원 편, 『고문서집성79-인동 인동장씨 여헌종택 편』, 2005.
__________________, 『한국 간찰 자료 선집16-여헌선생수찰』, 2010.

권영배, 「산남의진(1906~1908)의 조직과 활동」, 『역사교육논집』 16집, 1991.
김동욱, 「조선중기 은거선비의 집터와 별자리의 관계」, 『建築歷史硏究』 제10권 2호, 2001.
김석배, 「여헌 장현광과 노계 박인로의 시가문학」, 『여헌학의 전개와 수용』, 금오공과대학 선주문화연구소, 2010.
김성우, 「내가 아니라면 누가 가문의 원한을 씻어주리까-장석규」, 『영남을 알면 한국사가 보인다』, 푸른 역사, 2005.
김학수, 「인동장씨 여헌종택의 가계와 고문서」, 『고문서집성79-인동 인동장씨 여헌종택 편』, 한국학중앙연구원, 2005.
_____, 「여헌 장현광의 은일적 삶과 『여헌선생수찰』」, 『한국 간찰 자료 선집16-여헌선생수찰』, 한국학중앙연구원, 2010.
박인호, 「임진왜란기 지방 지식인의 피난살이」, 『여헌학의 전개와 수용』, 금오공과대학 선주문화연구소, 2010.
이종문, 「입암28경의 위치에 대한 재검토」, 『한국학논집』 39집, 계명대 한국학연구원, 2009.
이태진, 「조선전기 선산지방의 사회변동과 수전농업의 발달」, 『민족문화논총』 제21집, 영남대학교 민족문화연구소, 2000.
황위주, 「여헌 장현광의 삶과 문학」, 『여헌 장현광의 학문과 사상』, 금오공과대학 선주문화연구소, 1994.